自ら学ぶ子を育てる！

# 清水先生の自宅学習相談室

教育アドバイザー
清水章弘

朝日新聞出版

子育てをがんばるお父さん・お母さんたちには、子どもの勉強にまつわる悩みがたくさん……

## うちの子、間違い直しをするのを面倒くさがって……

**ウサ美さん**
娘小6。中学受験予定なし。毎日の勉強習慣がなく、宿題をさせるのがやっと。中学生になってからのことを考えると不安。

## 受験勉強と学校の部活、両立できるかしら

**ワニ川さん**
娘小5。私立中学を受験予定。成績は良いのだが、勉強を自分事として考えておらず「親に言われているからやっている感」がある。

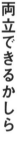

**トラ井さん**
息子小6。私立中学を受験予定。本人の受験に対するモチベーションがあまり高くなく、近頃成績が下降気味なのが悩み。

## 塾のクラスが下がっちゃった！どう励ませばいいのかな？

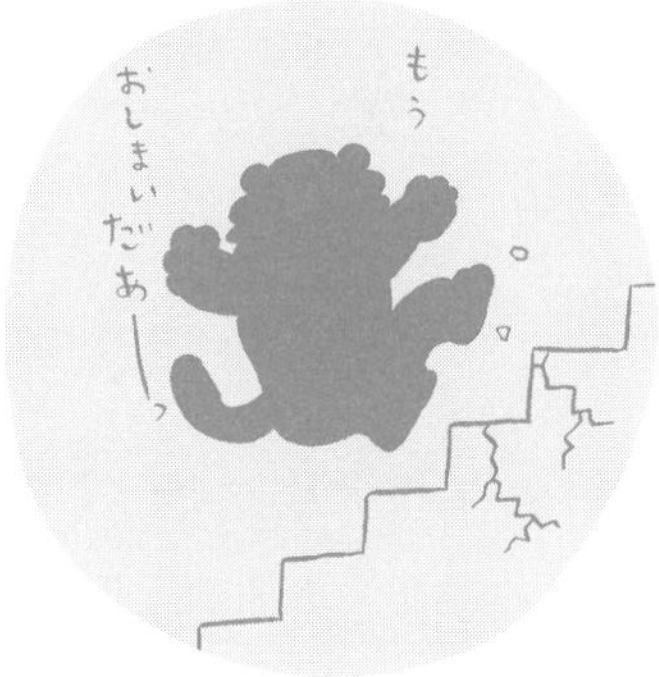


## 授業のノートを取るだけじゃ、内容が頭に入らないみたい

**パン田さん**
息子小6・小4。マイペースな兄とやんちゃな弟、タイプが違う2人をそろって机の前に座らせるのに苦心している。

**その悩み、おまかせください！**

東大生は「勉強しなさい」と言われたことがない。

よく耳にしますよね。それを初めて聞いた時、僕は嘆きました。

「おお……。うちだけ違ったのか……」と（笑）。

つい先日、実家で母に恨みがましく話しました。

「東大生ってさ、『勉強しなさい』って言われたことがないんだって」

母はすぐに答えました。

「いいわねぇ。私もそんな子を持ちたかったわ（笑）」

こんにちは
教育アドバイザーの
清水章弘です

そして、僕の妻がいる前で、衝撃のエピソードを語り始めました。

「そういえば、章弘って、小学生の頃に悪かったテストを駅に捨てて、駅員さんから連絡来たわねぇ」

「サピックスの算数のクラス分けテスト中、こわくなって教室から逃げ出さなかったっけ？　しかもあれ、小6の夏よねぇ」

にやにやする母。小刻みに肩を震わせ、笑う妻。

あぁ、後悔先に立たず。よかった、娘は聞いていないようだ。こういうのは、父親の威厳に関わってきますので……。


はっきり言います。僕は勉強がきらいな子でした。

いろんなメディアで（堂々と？）「勉強のやり方」を語っていますが、恥ずかしいエピソードを挙げればきりがありません。

逆に、勉強がきらいだったからこそ「勉強のやり方」にこだわり、少しでも楽しく結果を出そうとしてきたわけです。そして、勉強がきらいな子の気持ちが痛いほどわかるので、おかげさまでなんとか仕事ができています。

「勉強しなさい！」

「何でやっていないの！」

「まったく……あなたって子は……」


そんな言葉をついつい発してしまうお母さま、お父さま、ご安心ください。僕もそんな家で育ちました。そして今、教育を専門としながら感じています。「ついつい言っちゃう」「あぁ、また言っちゃった……」。むしろ、それが普通。だって、子育て中に心のゆとりなんてほとんど持てませんものね。


母は、教育熱心でした。

「うちは財産を残せないけれど、教育だけは残すわ。あとは自分たちで生きなさい」

それが口癖でした。

この本を手に取ってくださるということは、皆さまも教育熱心だと言えるでしょう。また、お子様の勉強に関して何らかのお悩みがあり、「うちの子、あまり勉強が好きじゃなくて」「このままだと志望校に入れなさそう」と頭を抱えておられるかもしれません。

そうならば、当時の我が家と同じです。

お子様を、もはや他人とは思えません。何かお役に立たせてください。

もちろん、僕の個人的な話をつらつらとするわけではありません。一応、大学院まで一貫して教育学を研究していましたし、いまも現場で実践を続けています。

特にこだわっているのは、お悩み相談。講演会の質疑応答もありますが、それだけではありません。

この十数年、塾のご新規面談を毎年200回以上行っています。

「はじめまして」から始めて、お悩みを聞きつつ、最適なご提案をし続ける。実際に塾に入っていただくことが多いので、関係は継続する方ばかり。下手なアドバイスをしたら後から色々言われますし、そもそも塾の信頼を失ってしまいます。

最近はメディアで僕を知って来てくださる方も多いので、「なんだ、清水って実際はこの程度か」と思わせてしまうのも申し訳ない。いや、実際大したことないのですが。

そんな「千本ノック」をずっと続ける中、気がついたことが1つあります。

それは、「みんな同じことに悩んでいる」ということ。

この本には、そこでいただいたお悩みを、たくさん載せています。「直球ど真ん中」のお悩みに、真剣に答えています。

時には厳しい回答をしていることもあります。いただいたお悩みにリスペクトは持ちつつも、それが自分なりの誠実さだと思っていますので、違和感のある表現があってもご容赦ください。

また、100人いれば100通りの子育てがあります。すべてが合う方はいるはずがありません。「これはやれそう」「これはうちにはちょっと……」とつぶやきながら、取捨選択をして読んでいただけたら幸いです。

最後に、母との会話の続きを。

「まぁなんだかんだで、母さんのおかげだよ。次はこんな本を書かせてもらうことになったんだ」

「あら、そう。じゃあ印税は私ね」

この会話を公開することで、ささやかな反抗といたします。母さん、育ててくれてありがとう。

そして、まだ幼い娘よ。こんな家で育った僕は「勉強しなさい」なんて言いません。お願いだから、勉強してくれ。

◆謝辞

本書の出版に際して、多くの方々にご協力をいただきました。まずは、朝日学生新聞社編集部の清田哲さま、當間光沙さま。企画の立ち上げからコロナ禍での進行まで、多大なるご支援をいただきました。社会情勢や会社組織が変わる中、本への強い愛情を持って携わっていただけて、大変ありがたく思いました。次に、朝日新聞社教育総合本部の林久之さま、山下茂さま、袴田達英さまには、昨年から全国講演ツアーを企画・伴走していただいたことで、北海道から九州まで、たくさんのご家庭のお悩みに向き合うことができました。そして、うちの塾プラスティーにお子様をお預けくださっている保護者の皆さま、通ってくれている生徒の皆さんに心から御礼を申し上げます。僕たちの最大の現場は、これまでもこれからも、常にプラスティーの教室です。最後に、弊社の社員たちのおかげで、コロナ禍に執筆の時間を確保することができました。みんなは家族です。ありがとう。

2020年秋　清水章弘

# 目次

## 知的好奇心を育てる



## 時間管理の手助けをする

## 具体的な勉強方法を知る

## 環境を整える

モチベーションを
高める

Question

# 受験しない子の勉強のモチベーションって？

中学受験は考えていないのですが、中学生になって困らない程度の学力は身につけてほしいと思っています。けれど本人は、まだまだ先である中学生活より、目先の遊びに夢中……。こういう場合、どうやって勉強のモチベーションを保たせればいいのでしょうか？

高校受験や大学受験でどのレベルまで目指すかにもよりますが、モチベーションのことは一度横において、肩の力を抜いてください。あまり「勉強、勉強」しすぎると、中学受験をしないことで生まれた心のゆとりが奪われてしまいます。

おすすめは、学校のテスト（カラーテストと呼ばれる、単元ごとに実施されるテスト）がある時は、算数（計算と高学年の重要単元）と国語（漢字と語彙）に力を入れて勉強しつつ、それ以外の時には**「半分勉強、半分遊びの時間」を作ること**です。かっこ良く言えば「遊びと勉強の境界が溶けている時間」です。

ぜひやってみてほしいのが、**テレビ番組をフル活用すること**。半分は勉強なので、だらだら見るのではなく、家族でちょっと真面目モードに見てください。半分勉強として見られるテレビ番組はたくさんあります。

◆人文科学・社会科学系

・大河ドラマ（ＮＨＫ総合）

・「ブラタモリ」（ＮＨＫ総合）

・「クローズアップ現代＋」（ＮＨＫ総合）

・「ＮＨＫ高校講座　ベーシック国語」（ＮＨＫ Ｅテレ）

・「ねこねこ日本史」（ＮＨＫ Ｅテレ）

◆自然科学系

・「ダーウィンが来た！」（ＮＨＫ総合）

・「サイエンスZERO」（NHK Eテレ）
・「香川照之の昆虫すごいぜ！」（不定期・NHK Eテレ、サイトに動画あり）
・「所さんの目がテン！」（日本テレビ系列）

◆総合系
・「NHKスペシャル」（NHK総合）

特におすすめのものを、いくつかご紹介しましょう。

「ブラタモリ」は、中学受験生からの人気も根強い教養番組です。中心にある教科は地理ですが、歴史やサイエンスなど、さまざまな観点から、土地に残る謎をひも解いていきます。地図帳や社会の教科書とともに見てください。

「香川照之の昆虫すごいぜ！」は、少し子ども向けですが、大人が見ても「笑っちゃう」くらい本気の番組です。図鑑とともに見るのがいいでしょう。

「クローズアップ現代＋」は骨太な社会派番組。社会問題に関心を持てるようになったら、挑戦してみてください。映像のインパクトが強めなので、意味がわからなくてもテーマによっては見続けられるでしょう。放送回数が多いので、とりあえず毎回録画して、週に1回、本人に1本を選ばせ、視聴後に家族で議論をするのはどうでしょうか。

これらを見たあと、お子さんの反応を見てください。**「面白かった！」「あれっておかしいよね」などと意見を言うようだったら、チャンス**です。「ちょっと調べてみよっか」と調べ学習を始めてみてください。中途半端に終わっても構わないので、**「調べることでもう一歩先の情報を知ることができる」という成功体験を積ませてあげましょう**。

ただ、これだけでは各教科の勉強に関する心配は解消されませんよね。数年後には必ず来る入試に向けて、**エンジンをかける時期を先に話しておきましょう。**「小6の夏から本格的に勉強を始めようね」というように。予告なしに突然「勉強始めるわよ！」と言われても、子ども側は心の準備ができておらず、「やだ！」と反抗的になってしまう可能性が高くなります。

中1の1学期の定期テストでつまずかぬよう、中学に上がる前の春休みには、小6までの総復習と、できれば中1の予習を始めてください。小6の夏休みや冬休みから始めておけば、さらに安心です。

**「半分遊び、半分勉強」のテレビ番組をフル活用して、子どもの興味関心を育てましょう！　勉強を本格化させる時は、必ず予告を。**

Question

# 「宿題は？」に代わる、うまい声かけ

「宿題は？」と声をかけると「言われるとやる気がなくなる」と不機嫌そうな顔をされます。何かほかにうまい声かけの仕方はあるでしょうか。そもそも、どうしたら自分から宿題に取り組んでくれるようになるのでしょうか。

「言われるとやる気がなくなる」と本人から言ってくれるのは、実はいい反応です。思春期になったら「聞こえていないフリ」をされますので、コミュニケーションが取りやすい今のうちに、ぜひ一度お子さんと話し合ってください。

話してほしいのは以下の3つです。

①自分から宿題を始めるために、どんな工夫ができるか
②どのタイミングで、どんな声かけをしてほしいか
③その時に始めなかったらどうするか

「自分から宿題を始めよう」と思っても、すぐにはできません。「結局できな

い→また言われる→やる気が出ない」という流れが続くと自信をなくしてしまいます。この3つについて話し合い、その後の変化を見ることで、できるようになるところまでの階段を作ってあげましょう。

まず、1つ目の**「自分から宿題を始めるために、どんな工夫ができるか」**を本人に聞いてみましょう。

いろいろなアイデアが出ると思いますが、おすすめのやり方を紹介します。それは**「やるべきこと」と、「今どこまで完了しているか」を可視化すること。**何をどれだけやるのかがわかるようになれば、行動に移しやすくなります。

用意するものは、ふせんや、文字を書きこめるマグネット。そこにやるべきルーティン(計算ドリル、漢字ドリル、塾の宿題、ノート作り(P188参照)など)を書きこんで、冷蔵庫やホワイトボードに貼るのです。スペースを2列に分け、左側は「やること」スペース、右側を「完了!」スペースにします。やることが終わったら、ふせんやマグネットを、左側から右側に移動させましょう。ふせんは文具店などに、マグネットは100円ショップなどに売っているので、お好みのものを選んでください。マグネットは両面のものもあるので、表に「やること」、裏に「完了マーク」を書き、ひっくり返してもいいでしょう。

次に、**「どのタイミングで、どんな声かけをしてほしいか」**を話し合います。ここでも本人の希望を聞いてあげてください。「夜○時までに何もやっていなかったら声をかけてほしい」というように答えさせます。

「まったく声をかけてほしくない」という子は少数派です。すべてを自己管理できる自信などないはずですから。

この2つが決まったら、仕上げに3つ目の**「その時に始めなかったらどうするか」**について話し合いましょう。2つ目まで自分の希望を聞いてもらえていれば、子どもはかなりすっきりしているはずです。僕の経験上、このタイミングでお母さんが「その時に始めなかったら注意してもいいの？」「ゲームをしていたら電源を切っていいの？」などと聞くと、しぶしぶ「んー、まぁ……」というような返答をする子が多くいます。ここはスムーズにいくかもしれません。

初めはなかなかうまくいかないでしょう。実際に2つ目、3つ目のルールを実行する時には、次のようにしてみてください。

2つ目の声かけをする時には、否定語（宿題はまだやっていないのね）は使わないようにしましょう。また、相手に選択権（何時から始めるか）を与えます。「今○時だけど、宿題はこれからやるのね。何時から始める？」というように。

そして3つ目。すぐに怒りたい気持ちをおさえて、「○時になったわよ。始められそう？」とうながす声かけを1回。そして10分後に、「10分経ったわよ。こういう時は、お母さんどうするんだっけ？」と伝えます。このタイミングで決めたことをやらないなら、その時に初めて、本人が決めた「その時に始めなかったらどうするか」を実行するのです。

ちなみに、やる気と無関係に物事に取り組ませる方法もあります。

「朝起きたら顔を洗う」のように、**「普段やっていること（朝起きる）と結びつけて、直後にその勢いのまま、やるべきこと（顔を洗う）をやってしまう」**というやり方です。

「食器をキッチンに下げたその足で机に向かい、宿題を始める」「風呂上がりに1杯の水を飲み、その足で机に向かい、計算ドリルを始める」というように、一連のルーティンにしてしまうのです。

慣れるまでは「はい、はい！　その足でこっちねー！」と誘導が必要だと思いますが、慣れると意志の力を必要としなくなるので、楽にできるようになります。

「言われないとできない子」から「言われなくてもできる子」になるまでは、時間がかかります。でも、この習慣がつけば、将来はほとんど手がかからなくなるはずです。未来への投資だと思って、ぜひ頑張っていただけるとうれしいです。

お子さん自身に「宿題をするためにどんな工夫ができるか」「どんな声かけをしてほしいか」を決めさせるのがコツです。

Question

# 間違い直しを面倒くさがる子ども

間違い直しをすることが好きではないようです。学校の宿題はなんとかこなしているのですが、「間違えたところを直さないの？」と尋ねると、「宿題はやってるんだからいいでしょ！」ととたんに不機嫌に……。どうしたら素直に直してくれるようになるのでしょう。

ご両親とお子さんとで「勉強」とは何か、という認識がずれているのかもしれません。お子さんは、「解くところまでが勉強だから、間違えていてもそのままでいい」と思っているのではないでしょうか。一度時間をとって**「勉強とは、『できない』を『できる』にすることであるということから教えてあげましょう。**簡単に言えば、間違い直しこそが勉強なのです。その認識がないと、お子さんは「ノートを埋めることが勉強」くらいに思ってしまい、いつまでたってもできないところがそのままになってしまいます。

まず、ノートを2冊用意してください。**1冊目は初めての問題を解くためのノート、2冊目はそこで間違えたものを解き直すためのノートにします。**言うまでもなく、重要なのは2冊目です。「2冊目のノートを埋めていくことが勉強だよ」と教えてあげましょう（具体的な間違い直しノートの作り方はP165を参照してください）。

次に「素直」に直す、というところですが、子どもは「やれば効果がある」と実感しない限り、なかなか勉強を継続してくれません。小テストで良いので、結果を出させてあげることが大事です。そして、間違い直しを始めてからテストの点数が上がった時には、**うまくいった理由を「間違い直しを始めたからだ」と認識させてあげましょう。**そうすれば、子どもは「次もやろうかな」、という気持ちになれます。

**勉強における一番の敵は、子どもに「どうせできない」「私なんてだめだ」と思わせてしまうこと。**結果が出なかった時には「どのやり方がまずかったのだろう」「次はどうしたらいいのだろう」と、一緒に具体的に考えてあげてください。結果だけでなく、プロセスを評価することが重要です。

**間違い直しをすることで、勉強ができるようになるという効果を実感させてあげましょう。**

Question

# テストの点が悪かった時

テストの点数が悪かった時、何と声をかけていいのかいつも悩みます。怒ったほうがいいのか、なぐさめたほうがいいのか……。また、その後の勉強に対するモチベーションを下げないために、親にできることは何かあるでしょうか。

まずは、**お子さんの表情を観察してみてください。**

子どもがショックを受けている場合、「何なのこの成績は！」「だから言ったでしょ！」というように感情的に怒ると、余計にやる気をなくしてしまいます。テストの点が悪い時、一番心を痛めているのは本人です。そんな時は子どもの気持ちに寄り添ってあげて、**テストをもとに作戦会議をしてみてください。**

作戦会議では、まずは「テストの反省」をすることが重要です。ここで気をつけなければいけないのは、そのやり方。点数や偏差値だけを見て「今回は悪かったね」「ほら！　だからもっと頑張りなさいって言ったでしょ」などと言い合うだけなら、それは「反省したつもり」になっているだけです。

正しい反省とは、「テスト勉強そのもの」を見直すこと。具体的には**「もう一度テスト勉強をし直すなら、どうするべきなのか」を一から考え直すこと**です。

たとえば塾のテストが返却されたとしましょう。テストの範囲表があれば、それと照らし合わせながら「何日前に何をすれば良かったのか」「いつまでに終わらせておく必要があったのか」を話し合います。必ず、テストの問題と答案を開きながら話してください。さもなければ感情論になってしまいます。一問一問どこから（教科書、問題集、プリントなど）出題されていたのかを確認し、それぞれについて「いつ何をすれば点数が取れたか」を検討するのです。このプロセスを省略してしまうと、これから立てる計画の「納得感」が弱まってしまいます。「毎回同じ反省をしている……」とあきれそうになっても、「よく気づいたねぇ」「ほんとに続けられそう？」と、コーチング形式でやり取りをしてあげてください（もちろん、わざとらしくならないように気をつけながら……）。

そして「正しい反省」ができたら、次のテストに向けて一緒に作戦を立ててあげましょう。「次のテストに向けて頑張りたい！」と思っていても、頑張り方がわからず、努力できない子どもは多いので、具体的な方法まで一緒に考えてあげてください。

**おすすめは、「やらないことリスト」を作ること**。普段、「これをやめればもっと勉強に集中できると思うこと」はたくさんあるはずです。本人が反省しているこのタイミングを逃すと、もうやめさせるのは難しくなります。「ゲームは○分以上やらない」「音楽を聴きながら勉強しない」など、書き出させてみてください。お母さんやお父さんに「これをやめさせたい！」と思う何かがあっても、口を出すのは我慢。自分から言い出さないと、納得感がなく「やらされ感」が増してしまうので、お子さん本人から引き出すことが大事です。

ただ、「やめなきゃいけないとわかっているけれど、言い出せない」という場合もあります。そういう時は「1つだけ提案していい？」と切り出してみてください。「1つだけ」と言いながら、2つ3つとどんどん重ねていくのはだめですよ（笑）！

ここまで、お子さんがショックを受けている場合について書きましたが、まったくショックを受けていない場合も当然あります。勉強に本気になっていない証拠ですね。この場合は、怒っても意味がないことが多いです。子どもは、自分が本気になっていないことに対して、親に本気で怒られても反抗的になるだけです。後の項目（P45を参照してください）でも書いていますが、好きな教科を作ったり、小さな成果を出させてあげたりしながら、少しずつ勉強を好きにさせてあげてください。繰り返しになりますが、感情的に怒っても、悪い方向に進むだけです。

「正しい反省」と「作戦会議」をして、次回のテストに向けて具体的な対策を練りましょう！

Question

# クラスが下がった！どう励ます？

最近成績が下降気味だったのですが、とうとう塾のクラスまで1つ下に落ちてしまいました……。どうやら本人も「自分は勉強ができないんだ」とコンプレックスを抱き始めた様子。ここから敗者復活の道を歩かせるにはどうしたら良いのでしょうか？

勉強する本人が「敗者」という気持ちになってしまうのは理解できますが、親がそんなとらえ方をするのはやめましょう。親の気持ちは、すぐに子どもに伝わります。**親が1ミリでも「敗者」だなんて思ってしまったら、その気持ちが子どもに伝わって、子どもの伸びが妨げられてしまいます**。親が自分の子どもを信じなくて、誰がその子を信じてあげられるのでしょうか。子どもには、それぞれの伸びるタイミングがあります。やり方を間違えなければ、もっともっと伸ばすことができます。

子どもの可能性を信じた上で、本人のコンプレックスを解消するためにできることはたった1つ。成功体験を積み重ねることです。「わかる」「できる」「解ける」という実感をともなった体験をすればするほど、コンプレックスは薄れ、やがて消えていきます。

今までのできなかったテストの解き直しをさせるなどして、「努力すればできていた」という気持ちにさせてあげましょう。今の内容が難しすぎる場合は、前の学年の教科書をもう一度解き直させることも有効です。「解けた！」という快感を「これでもか」と味わわせてあげてください。

教育心理学では、失敗の原因を自身の能力や才能に求めてしまうと「どうせ何をやってもできない」という無能感を感じてしまうと言われています。一方で、**失敗の原因を努力不足だと考えて「やればできる！」と思わせることができれば、また前を向いて努力しやすくなります**。成功した時も、原因を努力したからだと考えさせるようにしましょう。

簡単なことからで良いので、成功体験を積み重ねて「勉強はやればできる

（かも）！」と思ってもらうことが、成績を伸ばすための第一歩です。

前の学年の内容に戻るなどして「やればできる」という成功体験を味わわせてあげてください。

Question

# マイペースな兄と、1人では勉強しない弟

2つ違いのきょうだいなのですが、2人の勉強のペースがそろわず困っています。弟は負けん気が強く、兄と一緒なら勉強するのですが、1人では面倒くさがって机に向かいません。一方の兄はマイペースで気分屋です。それぞれにやる気を出させる方法が知りたいです。

当たり前のことですが、子どもは勉強が楽しくないと自らすすんでやりません。でも、その**「楽しい」と思うスイッチは、人によって違います**。

僕は自分の塾で教える時に、生徒を４つのタイプに分けて考えています。

１つ目は、「達成感大好き」タイプ。目標を達成することに喜びを感じる子です。

２つ目は、「探究心」タイプ。結果よりもプロセスを大切にします。

３つ目は、「闘争心」タイプ。ライバルを倒すことに燃えます。

４つ目は、「みんなでワイワイ」タイプ。周りのみんなと一緒に勉強したり、盛り上がったりするのが大好き。

これら**4タイプのそれぞれに、勉強を「楽しい」と思えるようになるための異なるスイッチがある**のです。

質問を見る限り、お兄さんのほうは「探究心」タイプ。弟さんは「闘争心」タイプなのではないでしょうか。

「探究心」タイプは、**勉強を何か好きなことに結びつけて理解したり、覚えたりするのが良いでしょう**。たとえば、電車が好きな子には、昔の地名や今の地名を、鉄道や駅の名前とひもづけて暗記させてみては。また、絵を描くのが好きな子には、歴史上の偉人の象徴的なワンシーンを描かせてみましょう。夢中になって調べながら、勝手に楽しく覚えてくれます。毎日30分「好きな教科にのめりこむ時間」を作ってみるのもおすすめです。

「闘争心」タイプは、「負けたくない！」と思うと底力が出ます。**友達やきょ**

うだいと「勉強時間」を競ってみるのがおすすめです。「どんなことを何時間勉強した」という記録を毎日取り、その日の夜、もしくは次の日に報告し合い、「勝った！」「負けた！」と盛り上がるのです。一緒に勉強できる友だちやきょうだいがいない場合は、塾のクラスメイトなどを、心の中で勝手にライバルにするのもいいでしょう。

残り2タイプについても解説しておきましょう。

「達成感大好き」タイプは、目標を達成することが好きなので、**常に「追われている」状態ではなく「追いかける」状態を作ってあげる**のがいいでしょう。自分との「小さな約束」を守らせるようにすると、自信にあふれて成績が伸びていきます。

たとえば、勉強をする時にはタイマーで時間を設定してください。その時、あえて「ちょっとギリギリ」くらいの時間を設定するのです。心地良いプレッシャーを感じながら、ゲーム感覚で設定時間をクリアしていくことができれば、勉強が楽しくなってきます。ほかには、今日やることを1つずつ小分けにしてふせんに書き、できたらはがしていくというやり方があります。はがす時の快感はたまりません。僕も学生時代にこの方法を始め、今でも仕事でやっています。

「みんなでワイワイ」タイプには、仲間が必要です。**「誰かと一緒に勉強する時間」を作ってみましょう。**友だちでもいいですし、家族でもかまいません。誘い合って、自習室や図書館に行くようにすると（ただし、静かに！）、勉強が続きやすくなります。

このタイプの場合、塾に通う時には友だちがいるところを選びがちですが、逆にあまり知り合いがいないところを選んでしまうのも良いでしょう。あえて「ちょっと」レベルが高い塾に通わせ、そこで仲間を作るのです。そうすれば

「みんなに追いつきたい」「認められたい」という気持ちになり、勉強を頑張れるようになります。

ちなみに、僕は小学生の頃は「みんなでワイワイ」タイプでした。でも、中学校に入ると「達成感大好き」タイプに変わりました。**時期によってタイプが変わることもある**ので、その時に合うやり方を取り入れてみてください。

**お子さんのタイプを見極めて、それぞれに合った勉強方法を取り入れてみてください。**

Question

# やる気を引き出す目標の立て方

学期の始まりなど、節目節目で勉強の目標を立てさせているのですが、達成できた試しがありません。やる気があるのは最初だけで、徐々にモチベーションが下がってきてしまうようです。どうすれば、最後までやる気を持続させながら、目標を達成させることができるのでしょうか。

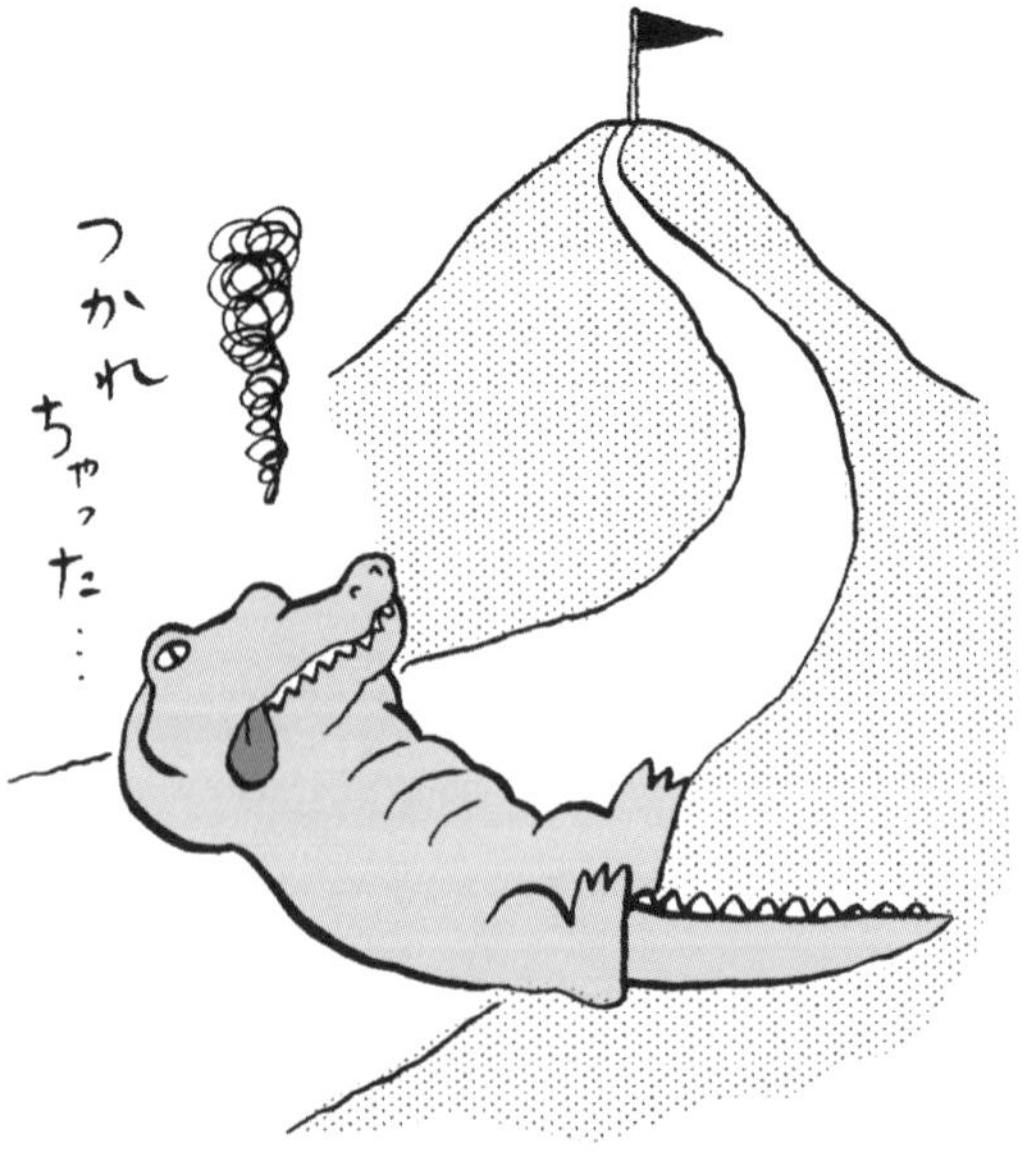

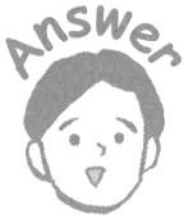


目標を決める時には、「〇〇中合格」や「5年生の終わりに××クラスに上がる」などの長期的なゴールと合わせて、**「次の小テストで△点取る！」というようなショートゴール（近い目標）も決めましょう。**長期的なゴールだけだと、結果が出るのが先すぎて、途中でダレてしまうからです。また、自分がどこまで目標に近づいたのかわからず、反省や修正をしづらくなります。定期的にショートゴールを決めるようにすれば、短期間で結果が出るので頑張れますし、努力の積み重なりを実感しやすくなります。

さらに、ショートゴールを決める時は、「次のテストの目標は90点だけど、最低70点は取る！」というように、「もう1つの目標」も用意してください。**「こ**

**れだけは絶対に超えるんだ」という最低目標です。**

目標を決めたり計画を立てたりする時は、普段よりやる気満々なので、その分目標も高くなりがちです。目標が高すぎると、達成できなかった時「達成できなかった」という事実だけが残ります。これでは、なかなか次は頑張ろうという気持ちになれませんよね。

しかし、この時最低目標を達成できていれば「目標は達成できなかったけれど最低目標はクリアできたよね」と声かけができますし「少なくともこれくらいはできている」という正しい現状認識にもつながります。

もし、最低目標もクリアできていない時は、親が子どもの実力を正しく認識できていない、そもそも塾のレベルが子どもに合っていないなど、別の本質的な問題を抱えている可能性があります。そこが見えてくるというのも、1つの収穫です。また、「復習ができていない」「ノートの取り方が悪い」など勉強のやり方が間違っている可能性も見えてきます。

ちなみにこの目標の立て方は、1日の過ごし方を決める時にも応用できます。まず、その日にやるべきことをすべて紙に書き出してみましょう。しかし、すぐに取りかかってはいけません。あらかじめ「最低でもこれだけは絶対に終わらせるんだ」という最低目標を決めておくのが上級者です。

勉強時間を決める時も一緒です。子どもの「3時間できる」という言葉を信じてすぐにやらせてみるのではなく、過去の失敗を思い出しつつ、「目指せ3時間。最低30分」のように、最低目標を決めてから始めさせるのがおすすめです。

「意志が強い人」「決めたことを淡々とこなせる人」なんて、ほんの一握りです。ましてや小学生ならなおさらではないでしょうか。僕も学生時代、散々失敗しました（そんな弱い自分だから「勉強のやり方」にこだわっているのです！）。お子さんの心を守るためにも、最低目標を設定し、小さな達成感を味わわせながら勉強を続けさせてもらえたらと思います。

長期的目標、短期的目標、最低目標の３つを設定し、モチベーションをコントロールしましょう。

# 知的好奇心を育てる

Question

# 勉強にもごほうびが必要なの？

娘の友だちの家では、勉強した時や目標を達成した時にごほうびがもらえるそう。それを聞いた娘から「私にも何かごほうびをちょうだい！」とせがまれています。ごほうびをあげれば、やる気は続くものなのでしょうか？　また、あげる場合は何をあげればいいのでしょう。

ごほうびにつられて勉強しているお子さんには、どんどん刺激の強いごほうびが必要になってきます。どんなに強い刺激でも、いつかは慣れてしまうのでキリがありません。

しかし、永久に強くしていける刺激がたった1つだけあります。それは**子ども自身の内側から生まれる「知的好奇心」です**。これは、育てれば育てるほど強くなります。この知的好奇心を、「ごほうび」に使ってみるのはいかがでしょうか。

僕は毎年、何百ものご家庭と面談をしており、いろいろな方のお悩みを聞いています。その経験から、子どもの知的好奇心を育むために大人が担える役割は3つあると考えました。

1つ目は、**「ナビゲーター（進むべき道を案内してあげる人）」としての役割**。お母さんやお父さん自身が知的好奇心を持ち、何か1つの物事に夢中になっている姿を見せてあげるのです。「知の巨人」になる必要はありませんが、何でも子どもと一緒に面白がり、「知ること」の楽しさを伝えてあげているご家庭では、お子さんが好奇心旺盛なように感じます。

2つ目は、**「サポーター（進むために支援してあげる人）」としての役割**。これは金銭面のことだけを言っているわけではありません。自分が好きなこと以外にはなかなか気が向かないお子さんに対して、手を変え品を変え、知の刺激を与えてあげることが大切です。

たとえば、子ども向けの新聞を購読し、面白そうな記事を切り抜いてあげる。

僕も朝日小学生新聞を購読してもらっていましたが、初めは4コマ漫画しか読んでいませんでした。でも、親やきょうだいに勧められるうちに、少しずつ社会問題やサイエンスに興味関心を持つようになったのです。

新聞だけでなく、雑誌もおすすめ。僕が愛読していたのは「ジュニアエラ」（朝日新聞出版）や「月刊Ｎｅｗｓがわかる」（毎日新聞出版）という時事問題の解説雑誌です。子ども向け新聞と同じく、お子さんに向けて書かれているので安心して読ませられます。また、子ども向け新聞や雑誌には、おすすめの本が掲載されているコーナーもあります。知的好奇心をくすぐるものばかりなので、ぜひ「新聞や雑誌をきっかけにして、本で興味関心を広げる」を習慣にしてください。

3つ目は、**「コーディネーター（選択肢を用意して取り計らってあげる人）」としての役割**。知的好奇心・探究心を支えるのは、「なぜ？」と不思議に思う気持ちです。それを引き出すために、子どもが「感動し、自ら考えたくなる体験」をコーディネートしてあげましょう。自然の中で遊ばせるだけではなく、博物館・科学館・学習センター・プラネタリウム・植物園・動物園・水族館などの施設に積極的に行っていただきたいです。

3つすべてを兼ね備えているご家庭は、ほとんどありません。イギリスの著名な小児科医、ウィニコットは、"good enough mother"(ほどほどに良い母親)を理想としています。全ての世話をしてあげるのではなく、適切なタイミングで、適切に手を差し伸べてあげるのが良いようです。

これらを参考に、知的好奇心という最高のごほうびをプレゼントしてあげられるよう、チャレンジしていただけたらと思います。

物やお金ではなく、知的好奇心を引き出す本や雑誌、体験などを「ごほうび」にしてみては？

Question

# 将来の目標、いつ頃から意識させる？

機嫌が悪い時などに、「何のために受験をするの？」と聞いてくるようになりました。「あなたの将来のためだよ」と言っても、ピンと来ないようです。自分で将来の目標を持つようになれば、受験や勉強に対する意識も変わってくるのでしょうか？

将来の目標を意識させるのに早すぎることはありません。特に小学校高学年くらいは、「夢」ではなく「目標」を持ち始める時期だと言われています。

しかし、「将来は○○になると決めています！」などという子はほとんどいませんし、いたとしても、その後、その子のなりたいものがコロコロ変わってもいいと僕は考えています。

もちろん、将来の目標が定まることで、苦手な勉強も頑張れるようになる子は多いです。

けれど、目標を持つ以前に、そもそも**子どもは仕事の種類や内容について、よく知らない**のではないでしょうか。たとえば、言葉では知っていても、サラリーマンが具体的に何をしているのかを知っている子どもは少ないでしょう。

**まずは「どんな仕事があるのか」を調べ、具体的な仕事内容を知ることから始めてはどうでしょうか。**たとえば、「13歳のハローワーク」というサイトがあります。このサイトでは、自分の好きなことや、興味のある分野別に仕事を調べることができます。実際にその仕事についている人のインタビューや、その仕事につくために必要な資格なども載っていて、仕事について具体的なイメージを持つことができます。

**お父さん、お母さんがご自身の仕事について話すのも良いでしょう。**「こんなことで困っているお客さんを、お父さん、お母さんの仕事で助けることができてうれしかった」など、これまで感じてきた仕事のやりがいを交えて話すと、子どもも働くことに対して具体的なイメージを持ちやすくなります。

さらに、学生時代の勉強が、今の仕事にどのように役立っているかを話してあげられれば最高です。もし、直接的にはつながっていないとしても「勉強を通して培った我慢する力が仕事に生きている」「数字に強くなったのは算数や数学のおかげ」というように、ポジティブに語ってもらえればと思います（もちろん「勉強なんて将来に関係ない！　だからこそさっさと終わらせて遊びなさい！」という考えもあるかもしれませんが、学ぶことは楽しいと思えたほうが良いし、そのほうが勉強に対するやる気も長続きする、と僕は信じています）。時間はかかるものの、こうした地道な語らいによって、お子さんも「勉強っていつか役に立つんだ」と実感することができ、未来に向かって勉強意欲を高めていくはずです。

お父さんやお母さんだけでなく、同じ職場の人と話をさせてあげるのも良いでしょう。職場の人から見た、お父さんお母さんの姿を（できればポジティブに！）伝えてもらうのも良い刺激になります。

テレビのドキュメンタリー番組を見せたり、伝記（漫画でもＯＫ！）を読ませたりするのも効果的。

ただ、その場合は与えるだけではなく、大人が対話を通じてお子さんをリードしてあげることが大切です。そうすることで、一度心についた憧れの火は、燃え続ける炎になっていきます。お母さんでもお父さんでも、学校や塾の先生といった家庭の外の方でも構いません。誰か1人でもメンターができたら、そこからの伸びは早いように感じます。

冒頭の繰り返しになりますが、将来の目標を意識できる子のほうが少ないので、少しずつ（でも諦めず）、長い目で見守ってほしいと思います。

まずはどんな仕事があるのか知ることから！
対話を通じて憧れという火を大きく育てましょう。

Question

# 読書の習慣をつけるには

自主的に読書をする様子がありません。空き時間があっても、本よりテレビやゲームなどに興味が向いてしまうようです。さりげなく本を読むよう勧めたいのですが、どのような本を、どのような読み方で読ませれば良いのでしょうか。

おすすめは**誰かと一緒に同じ本を読み、内容について語り合う機会を作ること**です。もともと読書が好きな子は別として、お子さん1人では、なかなか読書の習慣はつけられません。

アメリカの読書教育に「ブッククラブ」という手法があります。何人かで同じ本を読んで中身について語り合う、という方法です。お互いの感想や読み取ったことを語り合うことで、自分とは別の視点を知ったり、理解できていなかったことに気づいたりすることができます。一番良いのはきょうだいや友だちと一緒に読むこと。親子でやっても有効ですが、お子さんは「親が教える／子が教わる」という関係になることを嫌がるので、その場合はあくまで聞き役に

徹してください。

本だと長すぎて、なかなか読みきれないお子さんの場合は、新聞でも構いません。新聞だと1つの記事が短いので、簡単に読みきることができます。小学生向け、中高生向けの新聞もあるので、ぜひ試してみてください。僕が子どもの頃は、3兄弟で朝日小学生新聞を取り合いしながら読んでいました。

**最初は親が「読み聞かせ」をしても良いでしょう。**読み聞かせというと、幼少期にするものだと思っている方も多くいます。しかし、読書に慣れていないお子さんに対しては、何年生になって行ってもいいのです。

お母さんやお父さんが読み続けるのは大変なので、すでに朗読されているものを使っても構いません。僕も小学校高学年の頃、寝る前に名作が朗読されたカセットテープを聞いていました(正確に言えば、聞かされていました(笑))。

今は、ビジネスマン向けのＣＤやオーディオブックも豊富に売られています。
ご家族の新習慣として、みなさんで取り組んでみてはいかがでしょうか。

きょうだいや友だち同士で同じ本を読んでみましょう。
「読み聞かせ」もおすすめです！

Question

# 語彙がなかなか増えません

もう6年生なのですが、作文や提出物などに易しい言葉ばかりを使っているのが気になります。話し言葉も、意識して聞いていると、いつも似たような表現が多いです。何か語彙を増やすためのいい方法はないでしょうか。

今日はみんなで
サッカーをしました。
とても
楽しかっ
たです。
そのあと
給食を食べたら
とてもおいしかったです。

一番良いのは、辞書をリビングに置き、「すぐに調べる」ことです。日常生活の中でも、読書の時でも、テレビを見ている時でも、**わからない言葉が出たらすぐに辞書を引くのです**。

とはいえ、なかなかその習慣がつかない子もいますよね。そんなお子さんのために、ゲーム感覚で熟語の知識を増やし、定着させていくやり方をご紹介しましょう。

ルールはシンプル。お題として漢字一字を与え、その漢字を使った二字熟語を作ります。

たとえば、「食」という漢字でやってみましょう。「食」という漢字を使った二字熟語を作ってみてください。

どうでしょう。すぐに思いつきましたか。

「食物」「食事」「給食」「朝食」「夕食」……などなど。

こうやって二字熟語を連想していくと、「食」という漢字のイメージが強くなっていきますよね。

勝ち負けの決め方は2種類。

① 早く4つ思いついた人の勝ち
② 順番に挙げていき、多く答えられた人の勝ち

お好きなほうで遊んでみてください。

自力でひと通り思い出したあとは、辞書（インターネットや電子辞書でもOK）で、ほかにどんな熟語があったか調べてみると、「あ、これもあった！」「こんな言葉もあるのか！」とより知識が深まっていきますよ。

実はこれ、僕が小学生の頃、塾でやっていたゲームなのです。楽しくて、家でもやるようになりました。

では、最後に練習問題を2つほど。ご家族で遊んでみてください！（解答例は次のページに）

① 作

② 欲

（①の解答例：作文、名作、作者、作品、作家、作成など）
（②の解答例：欲望、禁欲、無欲、欲求、私欲、欲目など）

まずは辞書。
次は家族や友だちとできるゲームで楽しく語彙を増やしましょう！

Question

# おすすめの習い事、ありますか？

周囲の友人に影響されたのか、「何か習い事をしたい！」と言い出しました。せっかく習うならば、将来につながるものか、生きる力がつくものにしたいと思います。おすすめの習い事はありますか？

また、すぐにやめたがった場合も、しばらく続けさせるべきでしょうか。

積極的なお子さんですね！　きっと普段から自発性を引き出すコミュニケーションをされているのでしょう。

おすすめの習い事はたくさんありますが、前提として、習い事に関する僕の考えは次の３つです。

①基本的に何でもやらせてみる
②（プロを目指すのでないならば）続かなければやめればいい
③始めたくなったらまた始めればいい

まず、１つ目から。運動系（水泳や体操やサッカー）は体力がつくし、楽器系

（ピアノやバイオリン）は指先を使うので脳にいいし、歌唱系はストレス発散になるし、プログラミングは論理的思考力がつくし……と、それぞれの習い事のいいところは、挙げればきりがありません。習い事は「お商売」として成立している時点で、何かしらメリットが用意されています。ですから、**お子さんが良い反応をしたものは、可能な限り体験させてあげるのが良いでしょう。**無料体験ができるところも多いですよね。

次に2つ目。あくまで習い事ですから、**無理に続けることはありません。**ただ、「やめ癖」がつくのが心配なご家庭もあると思います。そういう場合は**「3か月は続けよう」というように事前に話し合って決めておくのがいいでしょう。**ただし、ここの期間設定は短めに。相性の問題もあるからです。

最初の壁を超えられたら、相性は問題なし。級や段がある習い事なら「ここまで取れるまでは続けようか」など、目標設定をしてみましょう。目標を設定すれば、達成できなかった時に反省しやすいですし、「やめたい」と言われた時にもコミュニケーションを取りやすくなります。

3つ目は、いざやめた時の話です。一度習い事をやめたとしても**「またやりたい」と言われたら、すぐに再開させてあげましょう**。人間関係もそうですが「離れてようやくわかる良さ」は必ずあります。ただ、それを繰り返すのは（人間関係でも）あまり許される話ではありませんので、「再開するなら、今度はここまで続けてみよう」と区切りを決めておくのがいいでしょう。

以上、「やめるの肯定派」として説明しましたが、習い事は、うまく続けられれば、生涯の趣味にもなります。人生100年時代に趣味があると、疲れた時にリフレッシュできたり、心の支えになったりしますよね。

ですからここからは、「続けるコツ」をお伝えしたいと思います。

僕はそのコツを、東大の学部時代に学びました。

それは**「徹底的に楽しむ→得意なものを作る→教え合う、仲間と研鑽する→誰か（後輩など）に教える」という順番を意識して取り組む**、というものです。

当時、僕は体育会のホッケー部（フィールドホッケー部）に所属していました。ホッケーってマイナースポーツですよね。でも一応、創設100年近い、東大では伝統の部活動なのです。

僕も含め、周囲は大学からホッケーを始めたメンバーばかり。みんなすぐには上達できません。でも体育会ですから、練習はハードでした。そのため、途中でやめてしまう人も多かったのです。そんな東大ホッケー部には、こんな言い伝えがありました。

「1年の時はホッケーを好きになれ。2年になったら部で一番の特技を持て。3年になったら戦術を語り合おう。4年になったら部のマネジメントを」

大学4年の秋には引退ですから、部にいられるのは実質3年半という短い期間。それでも最初の1年は楽しんでいいのです。次の1年では特技を作り、部分的でいいので「これなら負けない」という、自信をつけます。そして3年生になったら戦術。戦術を考えるためには、チーム全体のことを考えなければいけません。仲間と一緒に協力していく必要があります。そして最後は、後輩のためにチームの運営に貢献します。

練習は週6日もあったので大変でしたが、長期的な成長イメージを共有してもらっていたので、最後まで続けることができました。

習い事でも、**最初の一定期間「ただひたすら楽しむ」という時期を作ってあげてはどうでしょうか**。次に、何か1つ自信がつく特技を身につけることを目指してみる。その次に、仲間と高みを目指す。後輩ができたら教えてあげる……この流れを先に教えてあげれば、

「今は好きになる時期。下手でもいいんだな！」

「ここから何か1つ、特技を探そう」

と、気持ちを楽にして続けやすくなるかもしれません。


最後に、注意点が1つあります。

それは、**予定を詰めこみすぎないこと**。子どもには、ぼーっとする時間も大切です。


何かのプロを目指すわけではないならば、最低でも週に1日は「何も予定がない日」を作って心の余裕を確保してあげましょう。

無料体験なども活用し、やりたいことは何でもやらせてあげましょう！
やめたがったらやめさせて、再開したがったら再開させてあげて。

Question

# 行きっぱなしのワークショップ

休日は親子でワークショップに参加したり、科学館や博物館に遊びに行ったりしています。子どもも楽しんでおり、その時々に発見もあるようなのですが、毎回「行ったきり」なのが気になります。何か記録に残しておいたほうがいいのでしょうか。

「行ったきり」な状態をもったいなく感じておられるようですが、お子さんの頭の中には、目に見えない体験の蓄積が残っているはず。安心してください。むしろ、毎回「何かを得よう」と肩ひじ張って休日を過ごすと、「勉強感」が強まり、行く気が薄れてしまいます。

ただ、行った先で何か発見があったのなら、その直後は学ぶチャンス。時にはイベントをフル活用してみるのもいいでしょう。

おすすめは、次のような流れです。

まず、**事前にどんな場所に行くのかを調べ、「何を楽しむか（何を学ぶか）」**

を明らかにしておくこと。科学館や博物館であれば、「どんなものが展示されているのか」をまずチェック。興味があるものについては、インターネットや図鑑で先に調べて、ちょっとくわしくなっておきましょう。実際に見て確かめたいことがあれば、メモをしておきます。

そして当日は、展示を見た感想や家で調べたいことを、どんどんメモしていきましょう。予算が許すのなら、お土産ショップでくわしい解説書やカタログを買うのもいいですね。

写真を撮るのも忘れてはいけません。今の時代は、スマホで気軽に写真を撮れます。もちろん、撮影禁止のものもありますが、撮影可の場所を撮ったり、入り口で記念写真を撮ったりして、とにかくたくさん写真を残してください。当日のことを思い出しやすくなります。

最後は、帰宅したあとにやることです。**気になったことを追加で調べて、模造紙にポスターや新聞（「恐竜新聞」「サイエンス新聞」のように）としてまとめます。**もちろんノートでも構いませんが、ちょっと大きな紙のほうが、子どものテンションは高まるようです。

僕の授業では「ポスト・イット® イーゼルパッド EASEL 560」という大きなふせんを使っています。壁にも貼れますので、良かったら探してみてください。

作ったものは、親戚や友人などに披露・説明してみましょう。きっと褒めてもらえるはずです。その達成感が、「また別のものを調べたい！」というモチベーションにつながるでしょう。

ちなみに、僕は小学生の頃、東京・九段下にある科学技術館によく連れていってもらいました。毎回、ショップで1つだけお土産を買っても良いことになっており、「どれを買ってもらおう」と血眼になって欲しいものを探していました。お店の商品をくまなく見るうちに「宇宙食があるんだ」「標本のキーホルダーってどう作るんだろう」と興味関心が広がったのを記憶しています。お土産を買うと愛着が湧いていいですよね。こういう体験をさせてもらえたことには、今でも親に感謝しています。

展示を見て、気になったことや発見したことがあった時は、家に帰って調べ学習をするチャンス！　事前準備も忘れずに。

Question

# 何でも検索……自分で考えさせるべき？

うちの子は、何かわからないことがあると、自分で考えたり本で調べたりすることをせず、すぐにインターネットを使って検索をしてしまいます。これが思考力の低下につながっていくのでは……と、ちょっと心配です。

昔は、わからないことがある時は「紙の辞書を引くこと」が当たり前でした。しばらくすると「紙の辞書か、電子辞書か」という論争が起こるようになり、最近は「すぐにググる（検索する）」ことの是非が話題に出るようになりました。ほんとうに時代は変わりましたよね。

インターネットで検索すること自体は、悪いことではありません。「知りたい」と思った瞬間が、もっとも「調べたい」というモチベーションが高い時。この時、もし「学校の図書館に行かなくては調べられない」としたら、実際に調べる子の数は、半減するどころではないでしょう。みんな「そこまでして知りたくない」からです。そういう意味で、インターネットの出現により、調べるまでのハードルが下がったことは、良いことだといえます。

また、検索について誤解されていることがあります。検索はただインプットするだけの行為だと思われがちですが、僕は同時にアウトプットもする行為だと考えています。正確に言えば、**知りたい情報にたどりつくまでがアウトプットで、そこから先がインプットなのです。**

たとえば、明日の天気を知りたい時は「東京　天気　明日」などと検索しますよね。では「今年の冬ってあたたかかったな。東京の気温って昔と比べてどれくらい上がっているんだろう」と思った場合。「どう検索しようかな」とちょっと悩むはず。自分の知識を組み合わせる必要が出てくるからです。試しに「東京　天気　推移」と検索してみると、上から何番目かに気象庁の「過去の気象データ検索」というページを見つけました。

このように、自分の頭の中から適切な単語（今回は「推移」）を引き出せるかどうか、つまりアウトプットできるかどうかで、欲しい情報にたどりつけるか否かが決まります。検索の仕方が上手な人は、アウトプット上手なのです。こういうトレーニングは頭を鍛えてくれるので、どんどん検索をして、上手に知識を引き出せるようになってほしいです。

さらに良い検索の仕方があります。それは、**「結果を予想しながら検索すること」**。たとえば先ほどの質問なら「気温が上がっているのか、下がっているのか、それとも変わらないのか」「変化はどれくらいか」「いつから変化をしていそうか」「その理由は何なのか」などをあらかじめ考えてから、検索するのです。これはまさに、研究における「仮説を立てる」という作業。もちろん、答えを間違えていても全く問題ありません。

また、この時にたくさん良い疑問を出すことができれば、もっと深いところまで物事を調べたいという知的欲求を持つことができます。このやり方なら、検索すればするほど、自分の頭で考える機会が増えていくのです。
予想しながら検索する。これを習慣にしてもらいたいと思います。

検索とは、実は知識をアウトプットする行為でもあります。
まずは答えを予想しながら検索することを習慣づけて。

# 時間管理の手助けをする

Question

# 受験勉強と学校の部活や委員会、両立できる？

娘は好奇心旺盛なタイプで、複数の部活や委員会に参加しています。しかし今後は、受験勉強も本格化してくる時期。親としては、両立していけるのか心配です。勉強を優先させ、部活などは早めにやめさせたほうがいいのでしょうか。

チアリーダーの練習の
つぎは飼育委員、
そのあと
茶道部!!

**僕は「両立賛成派」です**。特に小5の夏までは、大賛成。むしろ、やめないほうが成績も伸びる、とすら思っています。小5の夏以降は、志望校へのこだわりや合格可能性も関係してきますので、ご家庭の方針で決めてください。

なぜ賛成かといえば、**両立を試みることで、時間管理の力をつけることができる**からです。子どもたちにとって、中学受験はゴールではありません。その先には大学受験もありますし、むしろ社会に出てからが人生の本番ともいえますよね。

そして、そこでは常に「両立」がつきまといます。大学受験では部活や委員会と勉強との両立、社会に出たら仕事とプライベートとの両立……。人は常に、何かと何かを両立しているのです。

だからこそ、お子さんにはなるべく早く「両立する力」を身につけさせてほしいと思います。そのためには、1つのことだけに集中させるのではなく、いろいろなことを続けさせてあげることが必要です。その中で「さぼってしまって時間が足りずにうまくいかなかった」「優先順位を間違えてやるべきことが終わらなかった」のようにたくさん失敗をさせてあげてください。**失敗をふまえて「どうすればよかったのか」と反省し、改善案を考えることで、両立する力は少しずつ伸びていくはずです**。

とはいえ、効率的にその力をつけさせたいという気持ちもあるでしょう。具体的にはどのようにすればいいのでしょうか。やるべきことは3つあります。

1つ目は、**「なぜ」やるのか、目的を考えさせること**。

いろいろなことを同時にやろうとする時、人は受け身になりがちです。時間がないので、一つひとつのことを深く考えず、流れ作業のようにこなしてしまうことが多くなります。そうならないよう「そもそも、なぜやるのか」考える時間を、定期的に取る必要があるのです。

お子さん自身、「なぜ」なのかわからなくなったら、もちろん「やめる」ことも1つの選択です。やめて後悔したら、また再開すればいいだけの話。思考停止させずに、考え続けさせることに意味があります。

2つ目は、**ルーティンを作ること**。

あらかじめ「何曜日の何時にはこれをする」と決めておくのです。学校の時間割と同じように、放課後や休日にも時間割を作るイメージです。

ルーティンがないと「今日は何をしよう」といちいち考えなければいけません。毎回正しい判断ができるお子さんならば、その場その場で決めても構わないのですが、そんな子はなかなかいませんよね。特に「急ぎではないけれど、大切なこと」は忘れがちです。

そこで、苦手克服など、宿題にはなっていないけれど長期的にトレーニングしておきたいことがあるならば、あらかじめ「何曜日の何時はこれをする」と決め、紙に書いて壁に貼っておくと良いでしょう。常に見えるところに貼ってあれば、忘れることはありません。たとえできなかったとしても、「取り組めなかった」という事実を認識できます。その場合は、夏休みや冬休みなどの長期休みでやるべきこととして、メモをしておきましょう。

3つ目は、**時間を「見える化」し、コントロールできる時間とできない時間に分けること**。これは上級者向けのテクニックですが、受験でもなんとか結果を出したいと思っているご家庭は、できる範囲で挑戦してみてください。

計画を立てる時の基本でもありますが、まずは1週間の行動記録をつけさせます。専用の手帳（たとえば、1日の時間を縦軸・横軸で表しているバーチカルタイプの手帳など）があると書きやすいでしょう。背伸びしたい子は大人用を使っても構いません。小さいと書きにくいので、大きめのサイズがおすすめです。

次に黄色とピンク、2色の蛍光ペンを用意します。そして行動記録を見直し、お子さん自身でコントロールできない時間帯（習い事、食事、睡眠など）を黄色で、コントロールできる時間帯をピンクで囲んでみましょう。

「意外とピンクの時間帯がある！」とびっくりできたら良いですが、お子さんによっては本当に時間がないこともあります。その場合は**「すきま時間」を探しましょう**。電車を待っている時間、トイレに入っている時間、さらにはドライヤーで髪を乾かす時間まで。かき集めれば、いくらでもあるものです。

ちなみに、すきま時間を上手に使うために今すぐやってほしいのは、**「30秒あったらできること」と「5分あったらできること」のリストを作っておくこと**。30秒あったら、英単語や漢字を1～2個覚えられます。5分あったら、ノートの復習ができます。すきま時間を見つけたら、何も考えずに教材を取り出すのがおすすめです。

中には、「取り出す」というひと手間すら面倒くさいと思う人もいるでしょう。僕が大学受験直前の時には、学校や塾を出る時から、単語帳を手に持って歩くようにしていました。カバンにしまうと、取り出すのが面倒くさくなるからです。小学生が物を手に持って歩くのは危ないので、「覚えたいものを書いた紙」をたたんでポケットに入れ、待ち時間に取り出してみるのはどうでしょうか。僕も中学受験の前にやっていました。いえ、やらされていました(笑)。

もちろん、これら3つを実践したとしても、すぐにうまく両立できるようになるわけではありません。むしろ、教育的には「うまくいかない」のが正解です。冒頭でお伝えしたように、計画を立てることそのものよりも、「なぜうまくいかないのか」「どうしたらうまくいくのか」を考えることで修正力を磨き、継続していくことのほうが大事なのですから。

「できない！」となってもすぐに投げ出さないように、毎週日曜日の夜に、1週間を振り返る日を作ってください。ご家族のサポートがあるとより良いでしょう。感情的にならずに「子どもの頭を整理してあげる」ようなスタンスで手伝ってあげてください。

**お子さんが小学生の今のうちに、「両立する力」を身につけさせてあげましょう。**

Question

# 達成できるスケジュールを立てるには

勉強のスケジュールを自分で立てさせているのですが、なかなか予定通りに進めることができません。計画表を横目にダラダラしている姿を見ると、こちらもイライラ……。上手な計画の立て方とその達成方法があれば、教えていただきたいです。

「ほら、また三日坊主！」「やるって言ったじゃないの！」と怒りたくなる気持ちはわかります。ただ、冷静に考えてみてください。大人だって物事をスケジュール通りに進めることは難しいはず。ダイエットも英会話も、なかなか続かないもの。子どもなら、なおさらです。

そもそも、1人で「続けやすいスケジュール」を作って実行するのは、なかなか難しいことなのです。当たり前ですが、子どもたちがすることは、いつも初めてのことばかり。「こうすればうまくいく」という成功体験が少ないので、どういうスケジュールを立てればうまく勉強を続けることができるのか、想像ができないのです（もちろんゲームやタブレットなど、誘惑が多いというのもありますが……）。

ですから、スケジュールを立てる時は、ぜひ、お母さんやお父さんも一緒になって考えてあげてください。そしてスケジュール通りに物事をこなす喜びや、結果を出す喜びを体感させてあげてください。

計画を立てる際の注意点があります。それは、**計画を立てる時がやる気のピークである、ということ**。僕はこれを「計画立てる時やる気マックスの法則」と呼んでいます。ちょっと法則名が長いですね(笑)。

僕の指導経験からいうと、三日後には、やる気は半分くらいになります。この三日間を乗り切れない子が「三日坊主」といわれてしまうのです。

そうならないためにおすすめしたい、大胆な秘策があります。

スケジュールを立てる時、たいていの人は、最初にやるべきことをすべて書き出しますよね。この段階で、**それを思いきって半分に削ってしまうのです。**

このような説明をすると「それじゃノルマが終わらない！」「もっとやらせたい！」という声をいただきますが、それは、ジョギングができない子をマラソンレースに参加させるようなもの。入試直前を除き、子どもには「できた！」という成功体験を積ませてあげることが大切です。そして、このスケジュールの作成を、勉強の習慣化へとつなげていきましょう。

もちろん、ずっと半分のままでいいわけではありません。タイミングを見て、**「毎日時間が余っているみたいだから、これもやってみようか？」と、気持ち良くやることを追加していく**のです。そのためにも、一週間のどこかに、あらかじめスケジュールを見直す日を入れておきましょう。

計画を立て直すだけでは面白くないと感じる（特に男子！　計画を立てること自体を嫌がる子が多いですよね）のであれば、「1日だけ、いつもよりちょっと頑張る日」を作ってみるのも良いでしょう。そしてその日に、ちょっとだけテンションが上がりそうな名前をつけてみるのです。たとえば「チャレンジデー」「限界突破の日」というような……。

少しチャレンジをしてみて、「これくらいなら普段でもできるかも?」と思えたならば、達成感とともに毎日の勉強量を増やすことができます。

また、こういった話し合いをする時に毎回確認してほしいことは、そのスケジュールを立てる目的や目標です。スケジュールには、必ず目的や目標があります。「偏差値を○○にするため」「小学生のうちに時間の感覚を身につけるため」など、お子さんによってその目的や目標はさまざまです。「そもそも、何のためのスケジュールだっけ?」ということがわかっていないと、勉強を続ける理由をお互いに見失ってしまいますので気をつけてください。

思いきってやるべきことを半分にカット！
残りはタイミングを見つつ追加していきましょう。

Question

# 親に言われないと動かない子

うちの次男は典型的な指示待ちタイプ。「宿題はないの？」「明日の用意はした？」など、声をかければ素直に動くのですが、言わなければ何もしないのが気になります。自ら時間を決めて動けるようにならなければ、これから困るのではないかと思うのですが……。

声をかければ素直に動く、とはかなり立派ですね。ひょっとしたら**「家での時間割」を一緒に作る**だけでうまくいくかもしれません。

コツは、「勉強する時間」や「ピアノの練習時間」のように義務感があるものだけでなく「ゲームの時間」や「自由時間」も時間割に入れてしまうこと。すると、ゲームや遊びが「保護者公認」のものとなり、子どもはちょっと得した気分になります。時間割そのものをきらいにさせない工夫です。

ただ、たいていの子はこれだけでは動きません。そもそも、声をかけるまで動かない理由は、「それをしても楽しくないから」です。ゲームや遊びのように楽しいことならば、こちらが止めても勝手に動いてくれるはず。それならば、

## 習慣がつくまでは「やるべきこと」をゲームのようにしてあげましょう。

まず、1日の中でやらなければいけないことを、曜日ごとに書き出してみます。その際、「宿題」などとまとめて書くのではなく、「漢字ドリル○ページ」のように、できる限り具体的に書くのがポイントです。塾に通っている子は、「学校の計算ドリル○ページ」「塾の計算プリント○枚」というように、学校と塾のタスクを分けて書きましょう。

次に、**一つひとつのタスクに「2種類の点数」をつけます**。1種類目は「それが終わったら○点」というもので、2種類目は「決めた時間までに終わったら○点」というものです。2種類目の点は、1種類目の10倍くらいに設定すると盛り上がります。それくらい差がつくならば「決めた時間までに終わらせる意味」ができますよね。これをゲームの世界では「インセンティブ」といいます。なかなか手が回らないタスクの配点を大きくしたり、1日の合計点数をわかりやすく１００点にしたりするのも良いでしょう。

もちろん、これで盛り上がるのは最初の数週間だけです。その後も、完璧には動けるようにならないでしょう。

でも、その数週間で、少しでも生活が改善されればうれしいですよね。小さな変化でもいいので、「自分にもできた」という成功体験を積ませてあげてください。

**楽しくなければ続きません！　やらなければならないことを、ゲーム形式にして楽しくクリアさせてあげましょう。**

Question

# 苦手科目が後回しになりがちです

得意科目は積極的に勉強しているのですが、肝心の苦手科目が後回しになりがちです。結果、時間が足りなくなり、かろうじて宿題だけはこなしている、という状況に……。今から限られた時間の中で、苦手脱却に向けてできることは何でしょうか。

中学受験は、短期決戦といわれます。根を詰めて勉強させたいところですが、小学生には体力がありません。睡眠時間を削ることだけは避けなければいけませんので、残された選択肢は２つです。効率的にやるか、やることを絞るか。最初に取り組んでもらいたいことは、前者です。

まずは、この本に書いてあるノウハウを１つずつ試してみてください。すべてがうまくいくとは思いませんが、２週間ずつ試してもらえれば、改善が実感できるはずです。

それでも時間が足りない場合は、やることを絞っていきます。

初めに、**ゴールの設定（志望校の合格に必要な学力）と現状（現時点の偏差値・点数）の差を見て、ギャップを見つけます。**「志望校までに偏差値があと○足りない」「あと○点取れば目標の偏差値になる」というように、ギャップは必ず数字で表しましょう。

次に、**直近数回分のテストの分析をします。**ギャップを埋めるためには「あと何点取ればいいのか」「そのためには、どの問題を正解すればいいのか」を考え、そのためにやるべきことをすべて書き出します。そして、**それらにかかる所要時間を書き出し、合計時間を算出します。**間違い直しの時間なども考慮し、ゆとりを持たせて、1・2倍くらいの時間を見ておくと良いでしょう。この合計時間と、お子さんの勉強可能時間の合計を比べてみてください。足りない場合、やることを絞らなければいけません。

具体例を出してみましょう。4教科の合計点を30点上げれば、志望校に届きそうだとします。直近数回分のテストを分析すると、苦手な算数がまだまだ伸びそうです。正答率の高い大問1の計算問題と、大問2の一行問題で20点も落としていました。残りの10点は、大問4と5の文章題の（1）だけ取れればかき集められそうです。

では、これらの点数を伸ばすために、どんな対策をすればいいのでしょうか。たとえば、計算問題は毎日のトレーニングに加えて、過去に間違えた問題の解き直しを追加。大問2は問題集の標準問題の解き直しを別日に計3回。大問4と5の（1）は、今まで「難しい」として捨てていた応用問題の（1）だけは挑戦するようにする。

これらを全部行おうとすると、問題を解くだけでも週に5時間、間違い直しなどを考えると6時間は必要です。さぁ、その時間をどこから捻出するか……こんなふうに考えていくのです。

そう考えると、なかなか時間がありません。ここからが優先順位の話です。最初は、ご家庭の方針と照らし合わせて「習い事をやめる」「外食の時間を減らす」「夕食後の団らんを短くする」など、勉強以外の時間を減らしていきます。それでも足りない場合は、今やっている勉強の中身を削るしかありません。

入試が近い場合は、志望校の過去問を解き、各教科のシミュレーションをしてから、逆算的にやるべきことを絞っていきます。過去問の答案を持って、塾の先生に相談しに行ってもいいでしょう。現在使っている教材や直近の模試結果など具体的な相談材料を持っていくと、より具体的なアドバイスを受けられます。1週間の行動記録（P102参照）まで持っていけたら完璧です。

注意してほしいのは、教科の優先順位です。小6の夏までは、まず算数で次に国語です。理科・社会に頼ってもいいのは秋からなので、それをふまえて教科ごとの勉強時間を調整してください。

ゴールと現状のギャップを具体化し、やるべきことを日々のスケジュールに組みこみましょう！

Question

# 5年生までの長期休み、どう過ごす？(1)

## 春休み

長期休みをどのように過ごさせればいいのか、いつも悩みます。６年生ほど勉強ばかりさせる必要もないかと思いますが、遊んでばかりいるのもどうかと考えてしまい……。ぜひ、おすすめの過ごし方を教えてください。

僕はいつも生徒たちに、「春休みはゼロ学期と思え」と伝えています。ゼロ、とは1の前。つまり、1学期（新学年）の準備をする期間、という意味です。春休みは「なんとなく」過ごす子が多く、時間を無駄にしがち。春休みには、前の学年の借金を残さないよう、徹底的に復習をしましょう。

ただ、そう言われてもやる気が出ない子もいるはずなので、まずはちょっとしたゲームから始めてみてください。名づけて「座るゲーム」。次の学年に向けた準備にもなります。

ルールはシンプル。**「1時間座る」と決めたら何があっても1時間は立ってはいけません。**ただしその間、勉強に関することなら、何をしていてもOKです。

「え？　それだけ？」と思うかもしれませんが、これが意外と難しいのです。やってみると、のども渇いてくるし、トイレにも立ちたくなります。

この「座るゲーム」に、どんな意味があるのでしょうか。

学年が上がれば、勉強時間が増えます。どんなに効率的に楽しく勉強しようとしても、「我慢して座る力」は絶対に必要となってくるのです。このゲームをすることで、そんな「座る力」を身につけることができます。

慣れてきたら「○時間○分座れた！」と記録を伸ばさせてください。ただ、何時間も座っているとトイレや食事などに差し障るので、「ほどほど」で止めてあげましょう。

**実際の入試も、半日がかりの長丁場ですから、座る力がとても大切になってきます。**「たかが座る力」ですが「されど座る力」です。特に「うちの子、すぐに席を立つんです」とお悩みの方は、取り入れてみてください。

**春休みには「座るゲーム」で、入試に欠かせない座る力を身につけて！**

Question

# 5年生までの長期休み、どう過ごす？（2）

## 夏休み

夏休みの過ごし方がうまい人は、中学入試でも、大学入試でも、どんな試験も楽々パスできます。でも、最初から時間を上手に使える人はいません。今は夏休みの過ごし方がうまい人でも「あぁ、また夏休みの最後まで宿題を残してしまった」「今日はあまり集中できなかったな」というように、これまでたくさ

んの失敗をしてきています。

現時点では夏休みを上手に使えない、というお子さんでも、失敗を反省することで成長していきます。これまでは反省の材料をそろえていたのだ、と前向きにとらえてくださいね。

とはいえ、同じ失敗をするにしても、次からは毎日をただダラダラと過ごすのはＮＧです。目的意識を持ち、事前にやるべきことを決めて過ごさなければ、あとになって反省することすらできません。

余裕があるお子さんは、自分の興味関心を広げるような発展的な勉強をしてもいいですが、やはりまずは前の学期の総復習から始めましょう。学校や塾のテキスト・問題集の解き直しや、過去のテストの解き直しをさせてください。すでに解き直しが終わっているお子さんや、そもそもテキスト・問題集を持っていないお子さん、さらにはどうしても別の問題集を解きたいというお子さんは、本屋さんに行って、自分で新しい問題集を選び、購入しましょう。

問題集を買う時のポイントは3つです。

1つ目は、**薄いこと**。分厚いと、やる気がなくなってしまいますし、達成感も得られにくくなります。

2つ目は、**解けない問題が3割くらいであること**。難しい問題ばかりだと心が折れてしまいますし、すべて解ける問題だと、そもそもやる意味がありません。

3つ目は、**好みのデザインであること**。特に女子の場合は、これが一番やる気に影響することもありますね。「カラフルでやる気が出る」「可愛いから続けたい」「シールを貼れるからやる気が続く」など、子どもによって何がモチベーションになるかはさまざまです。問題集を本人に選ばせる意味はここにありますので、オンライン書店を使うのではなく、実際に本屋さんに連れていってあげてください。

ただ、小学生の場合、夏休みは勉強だけしていればいいというわけではありません。**できる限り外へ出かけ、多くの経験を積ませてあげてほしいです**。野外体験をするのもいいですし、博物館や美術館などに出かけても構いません。

そして、忘れてはいけないのは旅行。旅先では、普段はできないような非日常的な体験をすることができます。最近は「旅育」という言葉もあるように、旅行の教育的価値が見直されています。計画を立てたり、電車や新幹線に遅れないように時間を気にしたり、キャンプなら天気や風向きを確認したりと、普段なかなか鍛えられない力を鍛えることができるのです。

**こういう経験は、新しいことを学ぶための原体験になるだけでなく、感想文や小論文を書く時のネタにもなります。**時間がある今だからこそ、ストックしておくのがいいでしょう。

そういう意味で個人的におすすめできないのは「リゾートホテルでのんびり」するだけの旅行。たしかに大人はくつろぐことができますが、子どもが得るものはあまりありません。もちろん、たまにはいいと思います。ただ、せっかくの夏休み。五感をフル活用させる体験を用意して、お子さんの成長の機会にしてあげるのはいかがでしょうか。

外出や旅行を利用して、五感をフル活用させるような非日常体験をさせてあげましょう。

Question

# 5年生までの長期休み、どう過ごす？（3）冬休み

勉強面に関しては、夏休みの縮小版だと考えましょう。期間が短いので、効率的に復習をしてください。ここで強調したいのは、勉強以外の面です。冬休みには、年末年始ならではの経験ができます。

**まずは、大掃除**。普段からプリントの整理ができないなど、部屋の片づけができない子は多いですよね。この時期に、大いに学んでもらいましょう。**大掃除のゴールは、来年の大掃除を不要にすること**です。そもそも、普段からこまめに掃除ができていれば、大掃除なんて必要ないですよね。

そこでこの機会に、お子さんと一緒に、**普段の掃除や片づけのルールを作ってみてください**。「片づけのルール」とは、物のあるべき位置を決めることです。新しくファイルやかごが必要な場合は、100円ショップなどでそろいますので、一緒に買い物に行き本人に選ばせてあげましょう。

大掃除が終わったあと、忘れないでほしいことが1つあります。それは、**部屋の写真を撮って、かべに貼っておくこと**。この日が一番きれいになっているはずですから、それを理想の状態として、常に見える場所に貼っておいてください。そうすれば、普段から「この状態に戻せばいい」と一発で理解できますよね。

年が明けたあとも、引き続き日本の文化を学ぶチャンス。「鯛はめでたい」「昆布はよろこぶ」というゴロ合わせから興味を引き、**おせち料理の由来をお子さんに調べてもらう**のはどうでしょうか。クイズ形式で発表してもらうと、細かい知識まで調べてくると思うので、きっと盛り上がるはずです。

**伝統的な年末年始の過ごし方を、学びに変えるいい機会ととらえて！**

# 具体的な勉強方法を知る

Question

# 勉強の仕方を身につけさせたい

娘の勉強を見ていて、「この子は正しい勉強の仕方を知らないのかもしれない」と思い始めました。特に塾などには通っていません。教えてあげたいのですが、子どものやる気をそがずに勉強法を正すための、いい関わり方や声かけの仕方などはあるでしょうか。

どうしても覚えられないから
頭にニンジンを巻いてみよう

大前提として、関わり方や声かけの前に、大人側が「正しい勉強法」を理解する必要があります。**正しい勉強法とは、その子に合った勉強法のことです。**

たとえば、暗記をしている子どもに「10回書いて覚えられないなら１００回書きなさい」というアドバイスをする人がいます。このアドバイスが合う子もいるかもしれませんが、一般的にはとても非効率的な方法です。10回書いて覚えられないのには何か原因があるはず。その原因が一人ひとり違うからこそ、１００人いたら１００通りの「正しい勉強法」があるのです。

たとえば、10回書くことがただの「写す作業」になっている可能性があります。この場合、１００回書いても、あまり意味はありませんよね。２～３回書いたら、書いたものを手で隠して、何も見ずに書けるかどうか確認するほうが効果的です。

また、覚えるものの内容を理解できておらず、文字をただの記号のように感じているのかもしれません。そうであれば、書くことより内容の理解に時間を割くべきです。

このように、適切な対策をするためには、**まずはつまずいている原因を分析することが重要**なのです。この本でもたくさんの勉強のやり方を紹介していますが、それらを試す前に必要なのは、原因を考えること。今勉強しているこの内容が、なぜうまく学べないのか。それを考えながら、さまざまな勉強法を親子で試して、お子さんに合うやり方を探してみてください。

勉強法を試す前に、つまずいている原因をしっかり分析しましょう！

Question

# 作文を書くのが苦手な子へのアドバイス（1）

息子は作文はもちろん、国語の記述式の問題など、長い文章を書くのが苦手なようです。語彙力などはこれから別途養っていくとして、もし、どんな作文にも使えるような、おすすめの書き出しなどがあれば教えていただきたいです。

これからの時代、記述がより重視されていきます。それなのに、作文が好きな子はなかなか増えません。もちろん「動物園に行きました。楽しかったです」のような日記でいいなら、いくらでも書けます。でも、ご質問はそういうレベルの話ではありませんよね。自分の考えを文にすること。つまり「意見文を書くこと」についておっしゃっているのだと思います。

意見文を書く時、ぜひ、すぐに試してもらいたい書き方があります。それは**「意見→理由→経験→結論」の4部構成で書くことです**。

「え……何だか、難しそう」と感じるでしょうか？　でも大丈夫。僕は全国で作文の書き方をテーマにした講演をしていますが、小学3年生以上であれば、この方法できっと書けるようになると自負しています。

作文は「ゼロから書こうとする」からできないのです。たしかに、ご質問にある通り、書き出しは大切です。でも「いい書き出しができたから、勝手にすらすら言葉が出てきた」というわけにもいきません。「メロスは激怒した」（太宰治『走れメロス』）のように、一般的に評価の高い書き出しを見て、そこから続きをすらすら書ける子なんて、まず、いませんから。

作文に慣れていないお子さんは、以下の穴を埋めるトレーニングをするだけで、ちゃんとした意見文が作れるようになります。

①意見…私は○○という意見に賛成（反対）です／○○だと思います／○○が好き（きらい）です。

↓

②　理由…なぜならば○○だからです。
↓
③　経験…私はこんな経験をしたことがあります。○○の時のことです。…
↓
④　結論…だから、私は○○という意見に賛成（反対）です／○○だと思います／○○が好き（きらい）です。（※まずは①の繰り返しで可）

では、試しに練習してみましょう。たとえば、「あなたが好きな季節は？」というお題があったとします。先ほどの4部構成の穴を埋めてみると、このように書くことができます。

私の好きな季節は夏です。なぜならば、冷たいものがおいしいからです。私はこんな経験をしたことがあります。去年の夏休みのことです。暑くて大変でしたが、コンビニで買ったアイスクリームがいつもよりもおいしくて目が覚めました。だから、私の好きな季節は夏です。

（124字）

どうでしょうか。「いいな」と思った方は「あなたが好きな果物は？」「あなたがきらいな教科は？」など、いろいろなお題で同じように書いてみてください。**「ゼロから書こうとする」のではなく、まずは型通り書くだけで、急に書きやすくなるのです。**

さらに良い文章に仕上げるためには、いくつかの方法があります。次の項でご説明しましょう。

まずは4部構成の型に沿って書いてみるのがおすすめです。

Question

# 作文を書くのが苦手な子へのアドバイス（2）

## 作文をワンランクアップさせるには

4部構成の文章をより良く仕上げるためには、まず、④の表現を変えてみましょう。おすすめは2つの書き方。**「提案」（〇〇してみてはどうでしょうか）**そして**「決意」（〇〇してみたいと思います）**です。

たとえば、先ほどの「あなたが好きな季節は？」という文の最後に「決意」

を足してみると、以下のようになります。

△　だから、私の好きな季節は夏です。

◎　今年の夏は、体に気をつけながら、冷たいものと夏を楽しみたいと思います。

最初と同じ文を繰り返すより、ぐんと読みやすくなりますよね。

もう1つのコツは、小学校高学年以上のお子さんに向けてのアドバイスです。それは、**②の最後に「たしかに〇〇です。しかし……」という表現を入れること。**

あえて一文、自分とは反対の立場から見た意見を書くのです。そして、その意見を「しかし」という逆説で否定します。そうすれば、読者に「私は逆の意見があることも理解しています」という視野の広さを伝えることができ、文章の説得力が増すのです。

たとえば、こうなります。

△　なぜならば、冷たいものがおいしいからです。

◎　なぜならば、冷たいものがおいしいからです。たしかに、冬にあたたかいものを食べてもおいしく感じます。しかし、夏のように体をすっきりさせることはできません。

「夏の冷たいもの」の反対の立場として「冬のあたたかいもの」を入れてみました。そしてその良さを認めつつ、否定しています。これだけで、ずいぶんときちんとした文章になった気がしますよね。もちろん、あまり中身がない文章なのですが（笑）。

これまでご紹介した書き方をすべてつなげると、こうなります。

私の好きな季節は夏です。なぜならば、冷たいものがおいしいからです。たしかに、冬にあたたかいものを食べてもおいしく感じます。しかし、夏のように体をすっきりさせることはできません。私はこんな経験をしたことがあります。去年の夏休みのことです。暑くて大変でしたが、コンビニで買ったアイスクリームがいつもよりもおいしくて目が覚めました。今年の夏は、体に気をつけながら、冷たいものと夏を楽しみたいと思います。
（199字）

いかがでしょうか。もちろん完璧ではありませんが、いい感じになりましたよね。このように、**最初は型に沿って書き始めることでコツをつかみ、書き続ける中で自分なりのアレンジを加えていく**。これが作文を上達させるためのおすすめの方法です。

作文は、書けば書くほど楽しくなってきます。学校の授業や読書でさまざまな文章と出合い、表現を学び、それをどんどん活用していきましょう。書くことを通して、お子さんがもっと言葉を好きになってくれたら、それ以上の喜びはありません。

**４部構成の型にアレンジを加えれば、ぐっと読みやすい文章に！**

Question

# 文章を読むスピードを上げたい

マイペースな性格の小6の息子。読解力がないわけではないのですが、文章を読むスピードが遅く、国語の長文問題などで、問題を解くところまでたどりつけないことがあるようです。どうすればもっと文章を読むスピードを上げることができるでしょうか。

読むスピードを上げるためには、３つのポイントがあります。

１つ目は、**楽しく読ませてあげること**です。

計算スピードを上げたい場合は、毎日ストップウォッチで時間を計るというやり方もありますが、読書の場合それは得策ではありません。読むことがきらいになってしまう可能性が高いからです。

大事なのは**「読みやすく」「夢中になって読める内容」の文章を選ぶこと**。大量の文章のシャワーを浴びることで、自然と読む「姿勢」が作られていきます。「読めた」という達成感が大切なので、最初はお子さんの好きなジャンルの本を選んであげてください。分厚いものは避けましょう。慣れてきたら、少しずつ「名作」といわれるロングセラー作品に導いてあげてください。それらは、「時のふるい」にかけられていますので、学ぶことがとても多く含まれています。**集中力がないお子さんには、周りの余計なものを片づけてあげましょう。**本の隣に漫画があればそちらに目がいくのは当然ですし、テレビや動画の音声が聞こえたら、そちらに意識がいくのも当然です。静かな時間を作り、できれば親御さんも一緒に読書をしてあげてください。

2つ目は、**文章の書かれ方を知ること**です。

たとえば説明文の場合、大切なことは文末や最後の段落に書かれていることが多いです。また、「意見」のあとには「理由」、「具体例」と続くことが多くあります。**このような法則は自分で意見文を書く中で体得できますので、先述（P141参照）の4部構成を使って、書くトレーニングをしてみてください。**

それと同時進行で、接続詞に気をつけながら読む練習もしてみましょう。

「たとえば」のあとは、「具体例」が来ます。また、「しかし」のあとには「逆のこと」が来ますが、それは「しかし」の前にあるものより大切な情報であることが多いです。このようなことを理解して、会話でも使ってみることで「話し言葉」から「書き言葉」への橋渡しができます。

学校の教科書や塾の問題集などで説明文に接する時は、ひと通り読み終わったあとに、今度は接続詞に注目してもう一度読み直すようにしましょう。文章全体の展開を理解しやすくなります。

時間はかかりますが、大学受験まで（そして、それ以降も）使える読み方です。じっくり文章と向き合ってみてください。

3つ目は、当たり前ですが、**知識をつけること**です。

たとえば、漢字の読み方がわからないお子さんにたくさん文章を読ませても、つらいだけです。日々、漢字の練習をする、わからない言葉を積極的に辞書で引くなど、語彙を増やすための努力をさせるようにしましょう。

増やすのは語彙だけではありません。背景知識も大切です。説明文にはあらゆる題材が用いられます。知識があればそれを理解するための手助けになります。

いろいろなジャンルの話題についていくためには、小学生新聞や中高生新聞を購読するのもおすすめです。説明文のテーマとして用いられることが多い、科学的な話題も掲載されています。

興味がある記事と出合ったら、それに関連する本を一緒に探してあげましょう。種に水をやり、時間をかけて次第に花を咲かせるように、少しずつ興味関心を深めてあげるのがいいでしょう。

「読む」「書く」「知識をつける」の積み重ねをすることが大切です。

Question

# プレゼンの仕方……どう教える？

最近は学校の授業でも、プレゼン形式で発表をさせることが増えてきたようです。しかしどうやら娘はプレゼンするのが好きではない様子。今後のことを考えると、あまり苦手意識を持たせたくないのですが、プレゼンの仕方をどう教えていいのかもわかりません。

プレゼンのポイントは、**「相手の頭の中を想像する」**ことです。聞く相手がどのような知識を持っていて、逆にどのような知識は持っていないのか。そもそもこの話に興味があるのか、ないのか。これを意識して話すだけで、相手にとって伝わりやすい話をすることができるはずです。

たとえば、相手に自分の好きなスポーツ（サッカー）の魅力について語るとします。聞き手がサッカーを習っていたり、テレビやインターネットでよく試合を視聴している人だったりしたら、戦術や選手情報など、通な話をすればいいでしょう。一方、ルールも知らない人が相手だったら話は違ってきます。今までサッカーに関心がなかったわけですから、手を変え品を変え、サッカーに振り向いてもらわなければなりません。ルールの説明をしてもいいですし、言葉で魅力を伝えるのが難しければ、動画で解説するのもいいでしょう。

「相手の頭の中を想像する」と書きましたが、もちろん相手に直接確認しても構いません。たとえば授業でプレゼンをするとしたら、冒頭で「サッカーのルールを知っている人はどれくらいいますか」「今までテレビやインターネットで見たことがある人は手を挙げてください」などとクラスのみんなに聞いてみるのです。もちろん、事前にアンケートが取れれば、準備に生かせるのでさらに良いでしょう。相手の理解度や知識量をうまく確認しながら、相手が知りたいと思っていることを話すように心がけましょう。

また、プレゼンでは話のつかみも大切です。実際に話をする時は、テレビ番組のように進めるのがいいでしょう。

テレビではよくこんな展開があります。

「みなさん、こう思っていませんか。でも実はこれ……大間違い！」

これは相手の誤解を指摘することから始めて、興味を引くやり方です。

また、こんな展開もあります。

「突然ですが、クイズです。AとB、どちらが正しいでしょうか」

この方法では話したいことをクイズ形式にして、相手を「正解したい！」という気持ちにさせ、興味を引いています。

テレビ番組ではチャンネルを変えられないように、結論を言うのを後回しにします。「答えはCMのあと！」と言って、ずっと引っ張りますよね。それでも見てもらえるほど、視聴者の興味を引き続けているのです。

**1つの番組を分析して、その典型的な見せ方（フォーマット）を真似してみると、面白いプレゼンができます**。ちなみに、プレゼンの仕方は通販番組がもっともたけていますが、真似をするとわざとらしいプレゼンになるので、やめたほうがいいかもしれませんね（笑）。

ぜひ、ご家族で色々な番組を分析してみてください。

相手の頭の中を想像することが大切。
家族で一緒にテレビ番組の分析をしてみても！

Question

# 効果的な間違い直しの方法は

間違えた問題を解き直す時に、正しいやり方や、気をつけたほうがいいポイントなどはあるでしょうか。ただ問題を解き直すだけだと、再度同じところを間違えたりするなどして、あまり効果がないような気がしています。

ほかの項でも書いた通り、そもそも、やり直しをする目的は「もう間違えないようにするため」です。そのためには、子ども自身に「なぜ間違えたのか」を考えてもらう必要があります。

おすすめは、**「T字ノート」を作ること**です。1回目に間違えたものの中で、「これはもう間違えたくないな」と思う問題を、このノートに解き直してみましょう（間違えた問題すべてを書いてもいいですが、そこまで時間が取れない人がほとんどでしょう。まずは問題を厳選して作り始めてください）。

T字ノートの作り方は簡単。まず、ノートの上から5分の1くらいのところに横線を引き、その上に間違えた問題を貼ります（もしくは写します）。次に、横線の下の欄に縦線を、左から3分の2のところに引きます。

準備ができたら、さっそく間違い直し。縦線の左側に、上に書いた問題の解き直しをしましょう。解答を写してはいけません。間違ってもいいので、何も見ずに解いてください。

解いたら、答え合わせをします。赤ペンで間違ったところを直しましょう。

さて、ここからが大切です。残った縦線の右側の使い方で、この先の伸びが決まります。**今回解いて正解だった人も、間違えた人も「もう二度と間違えないように」という思いをこめて、この場所に「間違えそうなポイント」をまとめるのです**。1回目に間違えたところや、2回目に間違えた（間違えないように気をつけた）ところを思い出しながら、「↑この計算に注意！」「↑単位に気をつけて！」などとコメントしていってください。色を変えたり、蛍光ペンで目立たせたりしてもいいでしょう。

【T字ノート】

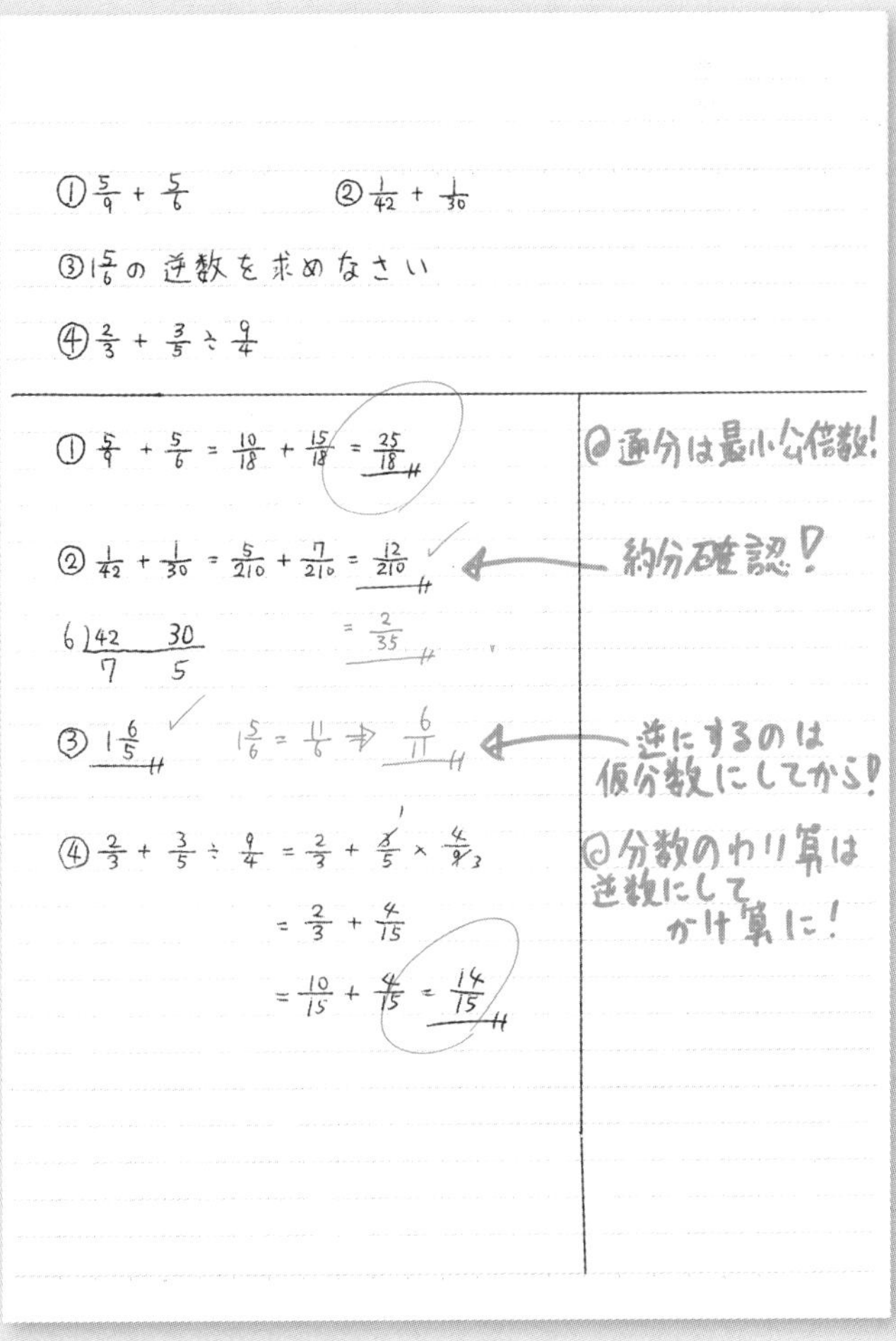
① 5/9 + 5/6　② 1/42 + 1/30
③ 1 5/6 の逆数を求めなさい
④ 2/3 + 3/5 ÷ 9/4
① 5/9 + 5/6 = 10/18 + 15/18 = 25/18
◎通分は最小公倍数!
② 1/42 + 1/30 = 5/210 + 7/210 = 12/210
= 2/35
約分確認!
6)42 30
7 5
③ 1 6/5
1 5/6 = 11/6 ⇒ 6/11
逆にするのは
仮分数にしてから!
④ 2/3 + 3/5 ÷ 9/4 = 2/3 + 3/5 × 4/9
= 2/3 + 4/15
= 10/15 + 4/15 = 14/15
◎分数のわり算は
逆数にして
かけ算に!

こうすれば、自分専用の問題集ができあがります。テスト前などに、心強い味方となってくれるので、優先的に見直すようにしてください。

また、**お子さん自身でポイントをまとめることで「自分はどんなミスが多いのか」に気がつきやすくなります**。それが明確になったら、ふせんに書いて、ノートの表紙の裏側に貼っておきましょう。テストが始まる直前に見返すのがおすすめです。僕はこれを「ミスらんノート」と呼んでいます。

ただ、中学受験をするお子さんの場合、1つだけ注意点があります。それは、「どこまで間違い直しをするべきか」ということ。

中学受験の大手塾の中には、お子さんにとって課題が多すぎたり難しすぎたりするところもあります。お子さんに合わない量や難易度の課題なら、思いきってやることを絞るのも1つ。

もちろん目標によっては食らいつかなくてはいけないこともありますが、もし「手が回らない！」と感じたら、早めに塾の先生に相談してください。

**T字ノートを作って、間違えやすいポイントをお子さん自身にまとめさせましょう！**

Question

# 暗記のコツ、教えてください！（1）

国算に比べ、理社が苦手な様子の我が家の娘。理由は、「暗記がきらい」なことにあるようです。このままだと、中学入学後の勉強にも支障をきたしそう。もし、楽しく暗記をするためのコツなどがあったら、教えていただきたいのですが……。

暗記は大学受験や、社会人の資格試験など、この先もずっとついてまわります。子どもの頃に苦手意識を持つと、大人になってもずっと苦しむことになりますので、早めに取り除いてあげたいところです。

当たり前のことですが、**暗記を得意にするためには「暗記できた！」「テストで解けた！」という達成感を味わうこと、つまり、結果を出すことが欠かせません。**「楽しく覚える」というように暗記の方法に変化を求めるよりも、ずっと効果的です。まずは、正攻法で結果を出させてあげて、そのあとに楽しさを求めてみてください。

では「結果を出すための正攻法」とは何でしょう。ポイントは3つ。「**理解すること**」「**結びつけること**」「**繰り返すこと**」です。僕は、生徒に記憶について話す時「友だちと仲良くなるプロセスと同じだよ」と説明することが多いです。

まず、**理解すること**。誰かと「はじめまして」の時には、「何が好きなのか」「どこに住んでいるのか」など、相手のことをたくさん聞きますよね。その人を理解することで、顔や名前を覚えやすくなり、そして忘れにくくなります。逆に、「わからないけど覚える」ことを丸暗記と言いますよね。これを得意とする人は、ほんの一部。そして、なんとか覚えられたとしても、丸暗記したことはすぐに忘れてしまいます。

次に、**結びつけること**。友だちの名前を聞いた時に「あ、うちのお父さんと同じ名前だ」「隣のクラスの彼と同じ苗字だ」と気がつくことがあります。そうすると、もうだいたい覚えてしまいますよね。人の記憶はネットワークのようになっているので、すでに知っていることと新しく知ったことを結びつけることで、頭に入りやすくなります。

最後は、**繰り返すこと**です。これは説明不要かもしれません。毎日のように学校で会っていたら、すぐに顔や名前を覚えることができますし、卒業して何年後かに会った時にも、すぐに思い出せますよね。

ちなみに、一度に長い時間をかけて覚えたものより、細かい時間に分けて何度も繰り返し覚えたもののほうが記憶に残りやすいと言われています。勉強の記憶も同じ。何時間もかけて覚えるのではなく、細切れの時間を使って、何度も何度も復習したほうが良いのです。

おすすめは、**習ったその日の夜に1回、次の日の朝に1回、日曜など週末にもう1回復習すること**。「その日、次の日、日曜日」ですね。その日と次の日の朝は「ノートを眺めるだけ」でも構いませんが、週末はできる限り手を動かして復習をしてください。僕も学生時代にはそのリズムで復習をしていました。2週間ほどで効果を実感できるはずなので、ぜひとも試していただきたい勉強法です。

「覚えにくいな」と思ったら、**もっと理解して、知っていることと結びつけて、繰り返し復習をする**。まずこの3つの正攻法に取り組んでみてください。

「それでも覚えられない！」「さらに暗記を得意にしたい！」という方もいるかもしれません。次の項目で解説してみましょう。

まずは「理解し」「結びつけ」「繰り返す」正攻法にトライしましょう。

Question

# 暗記のコツ、教えてください！（2）

楽しく暗記をするために僕が考えた、いくつかの「ちょっとした工夫」があります。一気にご紹介してみましょう。

まずは、王道**「ゴロ合わせ」**。僕は、このゴロを極めたおかげで、現役で東大に入れたと思っています。ずっと苦手だった世界史（高3の模試で20点くらいでした）が、最後に得意になったのです。

ゴロ合わせの「ちょっとした工夫」は、**市販のゴロ合わせ本を「改造」すること**。よく売っているものには、だいたい「年号+事がら」を組み合わせたゴロが載っていますよね。たとえば「泣くよ（794）うぐいす平安京（平安京遷都）」。でも、この中で「うぐいす」はテストに出ません。そこで**このゴロから「うぐいす」を抜き取り、かわりに、覚えたい言葉を追加するのです**。たとえば、遷都したのは桓武天皇ですから、「泣くよカンカン（桓武天皇）平安京」としてみましょう。それだけでもう1つ覚えられることになりますよね。

次の「ちょっとした工夫」は「**暗記する時間帯**」。**暗記する時間は、寝る直前がおすすめです**。脳は、寝ている時に記憶を整理します。寝る直前に覚えたものは、記憶の「衝突」が起こりにくく、頭に入りやすいと言われています。そして、**できれば翌朝にもう一度、復習をしましょ**

**う。**

僕は生徒たちに「『寝る前10分、朝5分』の暗記タイムを作ろう」と伝えています。それくらい短い時間で十分なので、ぜひ今日から取り組んでみてください。自分でも驚くほど記憶力が強化されていきます。

最後に紹介するのは**「暗記ドア」**という方法です。普段はマーキングに使うことが多いふせんを利用して、「ちょっとした工夫」をします。

まず、**覚えたいことを書いたふせんを用意します。それを、よく開け閉めする部屋のドアに貼りましょう。そしてそのドアに「ふせんの内容を覚えたら開けていいよ」というルールを課すのです。**

これは僕が高校3年生の時、センター試験直前に思いついた勉強法です。とても効果のあった勉強法なので、うちの塾の生徒のうち85人に協力してもらい、実践してもらいました。あとでアンケートをとったところ、92％の生徒が効果を実感し「またやりたい！」と思ってくれたようです。
より効果的に覚えたい人は、続けて、以下の手順を試すのがおすすめです。

**①部屋のドアからはがしたふせんを、今度はトイレのドアの内側に貼る。**

3回連続正解できたものは覚えたと認定して大丈夫。さらにトイレのドアの内側に貼ることでこまめに復習することができます。

**②覚えられなかったものは、「目立つ色のふせん」にもう一度書く**

部屋のドアに貼ってもどうしても覚えられなかったもの（3回連続で正解できなかったもの）は、目立つ色のふせんにもう一度書くようにしましょう。もう一度書くことで頭に入りやすくなりますし、目立つ色のふせんにすれば「あ、これは気をつけて覚えなきゃな」と一目でわかり、意識を集中させることができます。ここで3回連続で正解できたものは、同じようにトイレのドアの内側に貼るようにしてください。

**③ 毎週日曜日に、まとめて総復習テスト**

トイレの内側に貼ったものは、日曜日の夜にまとめて総復習テストをします。目立つ色のふせんは特に注意ですね。

**④ どうしても覚えられなかったものは、ノートの表紙の裏側に貼っておく。**

総復習テストで間違えたものや、「直前にもう一度復習したい！」と思ったものは、ノートの表紙の裏側に貼り替えましょう。テスト直前に、もう一度ドアに貼り、「暗記ドア」をしてもいいですし、ノートに貼ったまま繰り返しテスト（解いたらめくって確認するだけ！）をしてもいいでしょう。

どうでしょうか。ゲーム感覚で、面白いほど覚えられるようになりますので、ぜひ試してみてください。

**「ちょっとした工夫」を取り入れるとぐーんと覚えやすくなります。**

Question

# 勉強の内容を定着させるには

その単元を習っている時には、宿題やテストなどもそこそこ正解することができるのですが、次の単元に進んだとたん、前の単元の内容をすっかり忘れてしまうようです。勉強した内容を頭に定着させるにはどうしたら良いのでしょうか?

学習内容を定着させるためにするべきことは3つあります。以下の順番で試してみてください。

1つ目は、**これまで解いた問題の解き直し（復習）をすること**。時間は限られていますから、すべてを解き直す必要はありません。宿題の時点で間違えた問題と、テストで間違えた問題を解き直してください（宿題を解く時は、間違えた問題番号に印をつけておくと、あとでこの作業がしやすくなります。間違い直しの仕方はP165を参考にしてください）。

2つ目は、**定着させたい単元の新しい問題を解くこと**。使っている問題集の中で、まだ解いていない問題があれば解きましょう。宿題で「偶数番号」が出されていたら「奇数番号」を解いてみる。文章題で飛ばした問題があれば、それを解いてみる、というように。新しい問題を解くと、知識が整理されるだけでなく、問題を解くための「勘」のようなものがついてきます。「このパターンはこう解く」のように、解き方を体で習得しましょう。

3つ目は、**問題集に載っている問題の順序をごちゃ混ぜにしてテスト形式にすること**。よく「問題集では解ける内容が、本番になると（ちょっと問題がひねられるので）解けない」という子がいますよね。これは、同じ教材を何度も順番通りに解いていると、だんだん「この問題の次の答えはこれ」「これくらいの難易度の問題が出る」と予想できるようになってしまうためです。同じ問題集を繰り返し解き続けることの弊害といえるでしょう。それを防ぐために、問題をバラバラにして解いてみる、というのがおすすめなのです。

2つ目と3つ目に関しては、新しい問題集（すでにテスト形式になっているもの）を購入して解いても構いませんが、自分で問題集を選ぶのは、実は難しいことなのです。可能であれば、塾の先生に相談して選ぶと良いでしょう。ひょっとしたら「計算が遅いだけだから、このドリルを毎朝10分やらせてください」というように、プロの立場から別の的確なアドバイスをもらえるかもしれません。

**問題集の使い方を工夫するだけで、勉強の定着率をアップさせることができます。**

Question

# 理解を深めるノートの取り方

小6の息子はとてもきれいにノートを取るのですが、いざ「どんなことを習ったの？」と聞いてみると「忘れちゃった」と困り顔。授業の内容があまり頭に入っていないようです。授業の内容が理解できて、頭にも残る、おすすめのノートの取り方はありますか？

まさに、おっしゃる通りです。ただ授業を聞いて、板書を写しているだけでは、頭は働きません。ハーバード大学のエリック・マズール教授の「ただ座って先生の講義を聴いている時の脳の活動は、眠っている時と同じだ」という言葉は、教育業界であまりにも有名です。「ただ写しているだけ」「聞いているだけ」という受動的な行動は、脳の活発な活動をともなわないのです。

では、どうしたらいいのでしょうか。

僕のおすすめは、**ノートを取る時に「ひと工夫」を加えること**です。

たとえば、先生が言ったことの中で「大事だな」と思ったところを追加でメモしてみたり、板書の中で「ここは忘れないようにしなきゃ」と思ったところを色ペンで強調してみたり……そんなふうに自分なりの工夫をしてみてください。

大人の言葉で表すならば、「主体性」を持ってノートを書きましょう、ということです。自分からノートに「ひと工夫」をすることで、頭が集中モードに切り替わります。

まずは、**たくさんメモをする習慣をつけましょう**。僕は小学5年生の時の社会の授業で、塾の先生がしゃべっていることをメモし始めたら、あとで授業の内容を思い出しやすくなることに気がつきました。**ほんとうに大事なことは、黒板には書かれず口頭で強調されていることが多いのです**。

もう1つおすすめのノートの書き方があります。それは**「テスト化ノート術」**というものです。効果が絶大なので、僕がもっともおすすめしたい勉強法でもあります。

まず、ノートの左4分の1くらいに縦線を引き、ページを2つに分けます。右側（つまりノートの4分の3）には、今まで通りに板書を写してください。

ポイントは左側の使い方です。そこには、**自分で作った「オリジナルの問題」を書きこみます**。右側（板書）の内容をテスト形式にする（だから「テスト化ノート術」と名づけました）のです。

要領が良い子ならば、授業中に問題を書いてもいいですが、学校によっては板書以外のことをしていると怒られる可能性もあります。その場合は、家に帰ってから作るようにしてみてください。

オリジナルの問題を作る、といっても、予想問題を作るわけではありません。それができたら高校生レベルです。

**小学生はまず、先生の発問（問いかけ）を写したり、思い出したりするところから始めましょう**。一般的に小学校の先生は、対話形式で双方向的な授業をします。先生が生徒に質問を投げかけたり、答えさせたりすることで、みんなの共通認識を作ったり、理解度を調整したりするのです。

たとえば、社会で弥生時代について学ぶ時。一般的には、縄文時代と比較しながら授業を進めていくはずです。「縄文時代ってどんな時代だっけ?」「土器はどうだった?」「家は?」などと聞かれていくと思いますので、できればそのまま「どんな時代?」「土器は?」「家は?」とメモ。あとで問題にしてしまいます。

そもそも、**先生の発問や生徒とのかけ合いは、生徒が授業の内容を理解するための「階段」です。それを授業後にも活用できるようになれば、復習もしやすくなります。**

また、**板書にある「めあて」や、「小見出し」をもとに問題を作ることもできます。**公民の授業を想像してみてください。学校の授業では、冒頭に「めあて」が書かれることがありますよね。たとえばそこに、「税金ってどんなものが

**【テスト化ノート】**

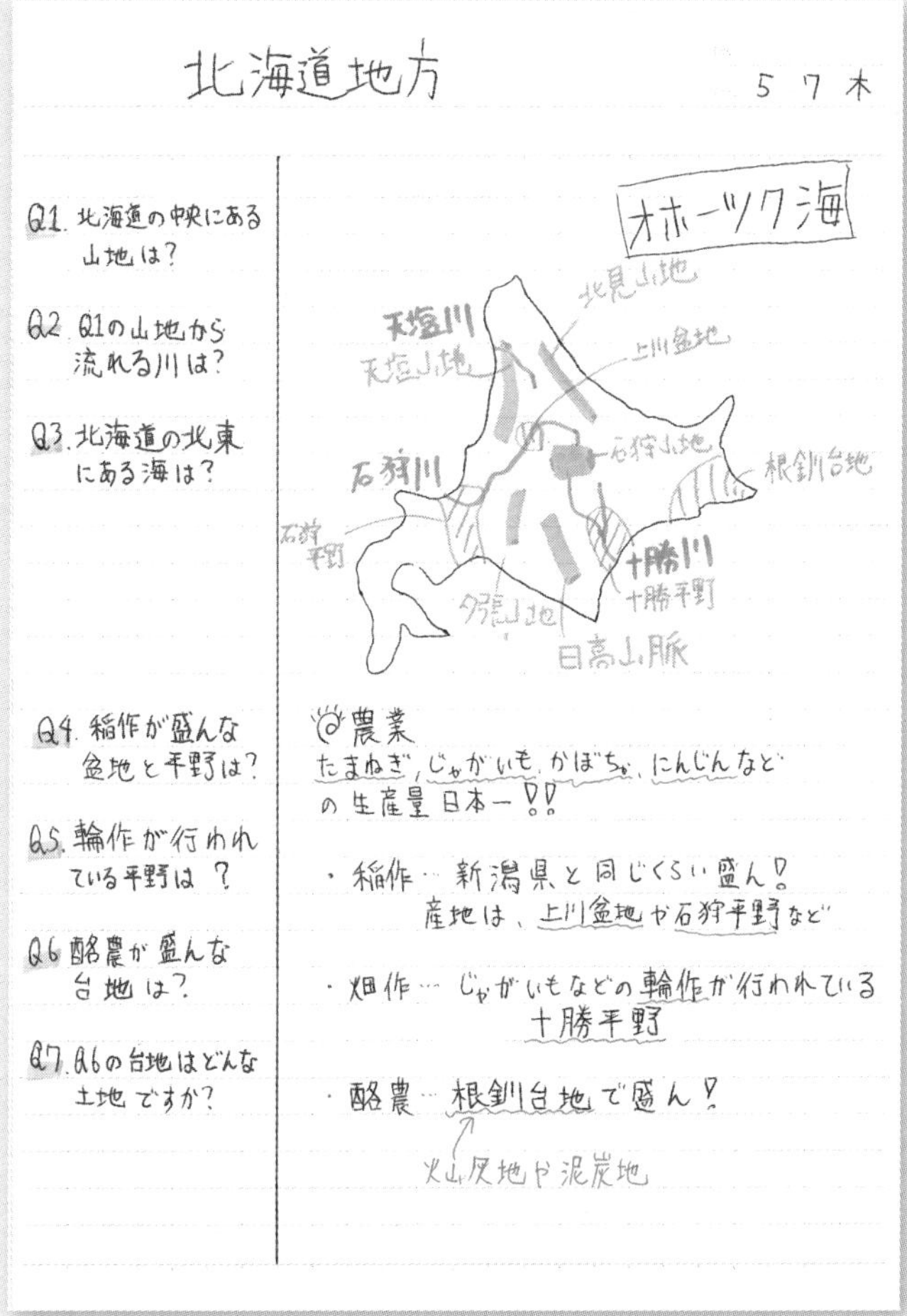
北海道地方　5 7 木

Q1. 北海道の中央にある山地は?

Q2. Q1の山地から流れる川は?

Q3. 北海道の北東にある海は?

Q4. 稲作が盛んな盆地と平野は?

Q5. 輪作が行われている平野は?

Q6 酪農が盛んな台地は?

Q7. Q6の台地はどんな土地ですか?



農業
たまねぎ,じゃがいも,かぼちゃ,にんじんなどの生産量日本一!!

・稲作… 新潟県と同じくらい盛ん!
産地は、上川盆地や石狩平野など

・畑作… じゃがいもなどの輪作が行われている十勝平野

・酪農… 根釧台地で盛ん!
↑
火山灰地や泥炭地

あるのだろう」と書いてあったとします。そこから「税金ってどんなものがあるの？」という問題を作るのです。また板書の小見出しに「直接税と間接税」とあったら「2種類の税金の名前は？」という問題が作れます。

**「テスト化ノート」が作れたら、右側を隠して実際にテストをしてみましょう。**

「あとでテストするから」という目的があれば、ノートを作っている時の集中力も高まります（これを「アウトプット」を前提としたインプット」と言います）。

ふせんを持ちこめる学校や塾の場合は、大きめのふせん（75㎜×75㎜）をメモ帳がわりに使うのもおすすめです。メモしたらあとでペタッとノートに貼ればいいので、今までとノートを変える必要もありません。僕もよく講演会やイベントでふせんを配って試してもらいますが、小学校高学年くらいの多くの子が、楽しそうに取り組んでくれていました。

もちろん、授業に集中するだけで精いっぱいだったり、とにかく先生の話に集中したかったりする人もいるはず。その場合は板書だけに集中してくださいね。

「メモしていたら授業を聞き逃した！」「話に集中してメモができなかった！」などいろいろあると思いますが、そうやってトライ&エラーを重ねることで、少しずつ情報処理が上手になっていきます。

**授業中の先生の発言をフル活用しながらノートを作りましょう。**

Question

# 授業の予習をさせたい

塾で「次の単元の予習をする習慣をつけましょう」と言われました。とはいえ、まだ習っていない単元の問題を、いきなり解くこともできません。小学生でもできる予習の仕方を教えてください。

前提として、中学受験をするしないにかかわらず、小学生のうちは復習中心の勉強をしておけば大丈夫です。

ただ、もし今の段階で余裕があったり、中学入学以降の勉強のやり方について考えておきたいということならば、予習法について知っておくのは良いことだと思います。

ここで考えていただきたいことがあります。そもそも、予習は何のためにするのでしょうか。

結論から言いますと、授業に集中するためです。そして、授業中にイイ気分を味わうためです。

**予習とは、「授業の準備」。授業を完璧に理解するために、予習をするのです。**
メインはあくまで授業で、予習は授業のための準備にすぎません。

では、どんな準備をするのが良いのでしょうか。

まずまっさきに、**「わからないことを明らかにしておく」**という準備が挙げられます。子どもは授業をしている45分の間、ずっと集中状態をキープすることはできません。だからこそあらかじめ、「ここは大事！　聞くぞ！」というポイントを明らかにしておくのです。

とはいえ、予習に長い時間をかけることは難しいはず。そこで、さらっと短時間でできる予習方法をお伝えします。

予習をする時は、教科書などの教材を使いますよね。その時に、予習をしたい単元の

① タイトル（単元）
② 小見出し
③ キーワード

を中心に確認するのです。

まず、タイトルを確認して「こんな単元をやるんだな」と心の準備をしましょう。次に、小見出しを追いながら全体をざっと見て、その単元の分量とレベルを確認します。そして最後に、キーワード（教科書で太字になっている部分や、新しく出てきた公式など）に印をつけてください。色ペンを使ってしまうと、あとで何かあった時に消しにくいので、鉛筆がいいでしょう。

かける時間は合計で1～2分。授業中に「そうそう、これをやるんだよね」

と思えれば大丈夫です。繰り返しになりますが、あくまで授業がメインですからね。

①〜③をチェックしたあと、まだ時間がある場合は、④**関連知識**を確認します。これは、メインである授業に、ついていけなくなることを防ぐためです。

たとえば、次の授業（理科）で天体の単元を扱うとします。その時に「あ、去年習った星座の名前、忘れてるな……」と思ったなら、前年度の教科書を読んで、その復習をしておくのです。

中学受験に限らず、勉強のカリキュラムは「らせん状」になっています。**いきなり難しい単元が始まることはなく、以前やったことの「ちょっと発展」が毎年のように続いていくのです**。もし、次にやることを見て「これは手ごわいぞ」と思ったら、前に習った関連単元の復習をしておきましょう。

以上のように、予習は1～2分で終わる①～③のみで、④は「予習と見せかけた復習」ですよね。「復習中心で大丈夫だ」という言葉の意味もご理解いただけたと思います。

ちなみに、中学生以降になると、英語が本格的に始まります。

英語は語学ですから、どんどん予習していい教科です。すでに英語を始めているお子さんもいると思いますので、英語の予習法も手短に説明します。

一般的に、英語の教科書の場合は、①タイトル（長文のテーマ）、②小見出し（文法項目）、③文法用語に加えて④英単語が入ります。①～③をさーっと読んで、④の英単語をできる限り覚えてしまってください。単語ノートを作っている人は、この時点で作り始めても構いません。

英語は1～2分と言わず、30分以上かけて構いませんので、どんどん予習をして、得意教科にしてくださいね。

「ここがわからない」ということがわかれば、予習完了です！

Question

# 親が勉強を教えることを嫌がります

低～中学年の頃までは、私が勉強を教えていたのですが、最近は教わることを嫌がるようになりました。学校で理解できなかった内容は、できる限り家庭でフォローしてあげたいと思うのですが、どうすれば良いのでしょうか。

子どもが親に教わることを嫌がるのは、正しい発育をしている証拠です。むしろ「教えられないくらいがちょうどいい」と言っても良いかもしれません。**このタイミングで両親以外の人の手を借りるべきです。**親だとどうしても子どもとの距離が近すぎ、子どもが反発しやすくなります（もちろん、お母さんかお父さんのどちらかなら嫌がらない場合は、嫌がらないほうが教えても構いません）。

後述するように、塾に通わせることも解決策の1つです。しかし、金銭的、体力的、距離的に塾に頼ることが難しい場合もあると思います。その時は、**きょうだいや学校の先生、近所のお兄さんお姉さんなどの力を借りると良いでし**

**ょう。**また、**勉強に関してどうしても言いたいことがある場合も、その人の力を借りて第三者経由で伝えるのがおすすめ。**そのほうが子どもも素直に受け入れてくれることが多いです。

動画教材を使う方法もありますが、スマホやタブレットなど、電子機器との付き合い方に慣れていない子は要注意です。ついつい遊んでしまったり、ぼーっとしたりしてしまうので、最初は目の届くところで使わせるようにしましょう。**本人とルールを決め、その子に合った使い方を少しずつ覚えさせてあげてください**（もし、ルールを破ってしまっても、すぐに取り上げたりせずに、一緒に解決策を探してあげるようにしましょう。これから先、中学高校と進む際の財産になります。P236も参考にしてください）。

もちろん可能なら、塾に通わせることも検討してみましょう。柔軟な対応をしてくれる塾であれば、普段からわからない問題をためておき、質問をする場として活用するのも手です。通う日数をできるだけ減らせば、金銭的、体力的にも負担は小さくなります。

**勉強に関して力を借りることのできる、親以外の「第三者」を見つけましょう。**

# 環境を整える

Question

# リビング学習、させたほうがいい？

「子どもはリビングで勉強させたほうが良い」という話をよく聞きます。けれど、我が家のリビングは広くないし、テレビやゲームなどの誘惑もたくさんあります。それでもリビング学習をしたほうが良いのでしょうか？　また、先生がおすすめする学習環境はありますか？

一時期、合言葉のように流行した「リビング学習」という言葉。狭い意味では「リビングに勉強机を置き、そこで勉強すること」、広い意味では「リビングのような生活の場で勉強すること」でしょうか。

**小学生の勉強のコツは「生活と勉強をあまり切り離さないこと」**。切り離しすぎると、勉強を始める時に腰が重くなってしまうからです。

そういう意味では、リビングは生活する場所そのものですので、そこで勉強をするのは、合理的だと言えるでしょう。

リビング学習のメリットには、勉強を始めるまでのハードルが下がること以外に、親の目が届くということがあります。

これは特に、まだ学習習慣がついていない子にとっては、とても大切なポイントです。

しかし、デメリットもあります。

質問者さんのおっしゃる通り、うるさいことです。

テレビは消すか、見ている人がヘッドホンで聞いて、本人は画面が目に入らないようにしてほしいところですが、小さいきょうだいがいる場合は厳しいですよね。

勉強中は「みんなで静かにする時間」にできたら理想的ですが、このあたりは各家庭の事情もあるため、難しいところです。

この問題に正解はありません。**成長のフェーズ（段階）によって、勉強に適した場所は変わっていく**からです。

フェーズは次のように変化します。

フェーズ1は「横について勉強を見てあげる時期」。

フェーズ2は、「最初10分だけついていてあげて、集中し始めたらあとは見守る（時には監視する）時期」。

そしてフェーズ3は「ついていてあげなくてもいいけれど、見守る目（時には監視の目）が必要な時期」。

最後に来るフェーズ4が「無音を作ってあげればどんどん勉強をする時期」。「静かな自室」や「塾の自習室」で勉強させる時期です。これは入試直前期ですね。

これをもとに考えると、フェーズ2までは、リビングで勉強を見てあげるのが良さそうです。どうしても事情があって、リビングが難しそうな場合は「こんなふうに勉強してほしいのだけれど、リビングだとうるさいよね。どうしたらいいかな」と本人と話し合ってみてください。お子さんの反応を観察しながら、可能な限り、場所を考え直しましょう。**どこなら勉強がはかどるのか、いろいろな場所を試してみてください**。

いざリビングで勉強することになったあとのことを、少しお話しします。しばらくすると、お子さんのほうから「うるさいから自分の部屋で勉強したい」と言い出すことがあるでしょう。

この時の「うるさいから」には2種類の意味があります。

1つ目は「集中したいから」という理由。素晴らしいですね。ぜひ自室で勉強させてあげてください。しかし、勉強に慣れていない子が、最初から1時間も2時間も1人で集中できるわけがありません。そこで初めは、**「30分」や「60分」など、その子の集中できそうな時間だけ、スポットで使わせてあげてください**。自室を「自習室」のように使用するイメージです。長時間連続で使わせるのは、短時間を集中できるようになってからです。

２つ目は、「小言を言われたくないから」という理由。この場合は話が変わってきます。特に男子に多いのですが、親の言葉を「小言」と認識した瞬間に、シャットアウトして、話を聞かなくなってしまうのです。このパターンの時は、時間をとって子どもと話をし、コミュニケーションを見直すきっかけにしてください。

リビングじゃなくても、勉強がはかどるならどこでもＯＫ！
ただし、あまり生活から切り離されてない場所を選んで。

Question

# 集団塾のほかに、個別塾に通わせたい

現在、子どもを集団塾に通わせているのですが、志望校のレベルに今ひとつ届くことができません。追いこみをかけるべく、個別塾にも通わせようかと思っているのですが、どの程度効果があるでしょうか。先生のご意見をお聞かせください。

併用を考えているということは、今よりもっと成績を上げたいということですよね。どれくらい志望校にこだわるかにもよりますが、誰もが個別塾を併用するべきかといえば、そういうわけではありません。

**個別塾を併用すべきかどうかは、成績が上がらない理由によって見極めます。**

たとえば、成績が伸び悩んでいる理由が「きちんと復習ができていないから」だったら、「家で復習の時間を作りましょう」というだけで、個別塾は必要ありません（家でできない理由があれば、もちろん別の話です）。また「上手に学習計画が立てられない」のであれば、今通っている塾の先生に相談をして、一緒に計画を立ててもらえばすむかもしれません。

反対に、併用をおすすめするケースは2つあります。

1つ目は、**わからない問題が多い時**。塾の授業の復習をしようとしても、そもそもわからない問題が多いので、手がつけられないという子。また、さらなるレベルアップを目指して応用問題を解けるようになりたいけれど、自力では理解が難しい子です。特に算数は、問題の解き方を理解していないと、考えても答えが出せず時間だけが過ぎてしまいますので、さっさと質問をしてしまったほうが良いことが多いです。集団塾で質問をしきれない場合は、個別塾が有効です。

2つ目は、**お子さんの勉強をもっと細かく見てほしい時**。国語の作文や読解問題、算数の文章題など、プロの先生は問題を解くプロセスを見ることで、その子に合った良い指摘をしてくれます。

費用も時間もかかりますが、成績が上がらない理由がその2つのどちらかである場合は、個別塾に相談しても良いかもしれません。

**まずはお子さんの成績が上がらない理由をしっかり分析しましょう。**

Question

# 英語学習、どの程度時間を割く？

周囲で、英語を習っているという子も増えてきました。中学に入ってから困らないよう、今のうちから勉強を始めたほうが良いのでしょうか。またその場合、どのようなことをどれくらい学ばせればいいのでしょうか。

まず、まだ本格的に英語を学び始めていないご家庭に向けてアドバイスさせてください。

**中学受験をするお子さんで、受験で英語を使わない場合は、思いきって中学から始めることにしても大丈夫**です。受験勉強はとにかく時間が足りないので、その分の時間を国語と算数に割きましょう。国語はすべての教科の基礎になるので、成績が上がれば全教科に良い影響を与えてくれます。また、算数は合否のカギになる教科です。英語の勉強は受験が終わった春から集中的に始めましょう。

次に、中学受験を考えていないお子さんの場合。**国語と算数の日常学習を大**

**切にしながら、英語もどんどん学び始めましょう。**英語は言語です。慣れ親しんで好きになれば、たくさん使うようになるので、どこまでも伸びていきます。

まずは初学者向けの薄い参考書から始めるのがおすすめです。それに加えて、英語の歌やアニメ（セサミストリートなど）も取り入れてみてください。格安のオンライン英会話を習わせてあげるのも良いでしょう。達成感を味わわせてあげながら、楽しく学習を進めていってください。

英単語を暗記させることも重要ですが、中にはスペルを覚えるのが苦手なお子さんもいます。無理に覚えさせようとすると、英語がきらいになってしまう恐れも。その場合、スペルは後回しにし、まずは**「①正しく発音ができること」「②意味が言えること」**の2つを優先してください。この2つができていれば、中学に入ってスペルを覚え始める時に有利になります。

また、学習を続けるための目標を自分で定めにくい子も多いはず。そんな時は、まず英検5級と4級を取得することを目標にしてみてください。

次に、すでに英語を学び始めているお子さんに向けてのアドバイスです。この場合、その子が何のために英語を学んでいるかによって、僕の意見も変わってきます。

中学入試で英語を使うお子さんの場合は、小6の最後まで勉強を続ける必要があります。目安としては、理科・社会と同じくらいか、少し減らしたくらいの勉強時間を確保すれば良いでしょう。

一方、**入試で英語を使わない場合は、小5の夏までに続けるか否かを判断してください**。その時点で余裕がある場合は続けても良いですが、ない場合はスパッとやめてしまいましょう。だらだら続けるのが一番問題です。中学に入ったら、週に10〜15時間は英語を勉強することになります（授業時間含む）。そこで効率的に勉強すれば、いくらでも追いつくことができますよ。

「時間はないけど、英語力を落としたくないから、どうしても続けたい！」という人は、最小限の時間にとどめて勉強をしましょう。おすすめは、**オーバーラッピングとシャドウイングという2種類の音読法を、1日15分行うこと**。オーバーラッピングは、音声教材に合わせて、本文を見ながら行う音読法。一方シャドウイングは、本文は見ず、音声だけを頼りに、あとからついていくように行う音読法です。たった15分でも英語力が落ちにくくなるため、中学生になってからも続けてほしい、おすすめの勉強法です。

英語は言語！　どんどん慣れ親しむことが大切です。
歌やアニメを学習に取り入れるのもおすすめ。

Question

# 子ども新聞を効果的に使用するコツ

子どものうちからニュースや時事問題にふれさせたいと思い、子ども新聞を購読しています。しかし、もともと読書が好きでないこともあり、なかなか読む習慣がつきません。どうすれば漫画以外の記事も読んでくれるようになるでしょうか。

最初から1人で新聞を読める子は、ごく一部です。子ども新聞を購読している親御さんの中には、**「うちの子は漫画しか読まないんです」「スポーツ欄だけです」という方もいますが、まったく問題ありません。**むしろ、正しい一歩を踏めています。

新聞を読めるようになるまでの流れは、たとえばこんな感じです。

いつもは好きな記事だけを読んでいる子。ある日、ふとしたきっかけ（好きな芸能人が出ていた、カラフルな紙面が気になった等）でほかのページを開いてみたら、見出しのキーワードが目に入ってきました。それをなんとなく覚えていたら、数日後の学校の授業でちょうどその言葉が出てきて「あ！　知ってる！」と鼻高々に。次の日から、少しずつほかの記事にも興味が広がっていきました（もちろん漫画やスポーツ欄しか読まない日も）。

このように、**子どもの新聞習慣は一朝一夕ではつきません**。自分から読み出すまで見守り続ける親の我慢強さが求められます。

しかし、何年経ってもほかの記事に見向きもしないようでは困ります。その場合は、**子どもが興味を持ってくれそうな記事を切り抜き、渡してあげるのがいいでしょう**。「読みにくい」という子には拡大コピーをして壁に貼ってあげてもいいです。**「読みたくない」という子には読み聞かせをしてあげてもいいでしょう**。

それでも読む習慣がつかない場合は、思いきって**新聞を読むことを勉強の一環にしてしまう**のはどうでしょうか。教科でいえば、国語の勉強に入ります。

「**線引き学習**」という、僕が考えた勉強法なのですが、今もよく授業の冒頭で生徒に実践させています。それくらい効果的だからです。そんなに時間もかかりません。たった5分程度です。子どもだけでもできますが、親子でやると、もっと力がつきます。

用意するものは、図や表の入った新聞記事。それを、次の3ステップで読んでください。

①最初に、本文を読みます。
②次に、図や表を眺めます。
③そして最後に、図や表の内容をくわしく説明してある部分を探して、本文に線を引きます。

これだけですが、実は奥が深い勉強法です。正しい場所に線を引くためには、本文を理解して頭に入れておく必要がありますし、図や表も理解しなければいけません。そしてそれぞれに書いてあることを覚えておかなければならないのです。

よく、子どもたちから「文章を読んでいるうちに、最初のほうを忘れてしまう」という相談を受けることがあります。その理由として、**理解力が不足しているることに加え、頭に情報を一時保存することに慣れていないことが挙げられる**と僕は考えています。この線引き学習を行うことで、その両方が鍛えられるのです。

これから待ち受ける中学入試・高校入試・大学入試には、本文と同時に図や表も理解しなければいけない、複雑な情報処理を必要とする問題が多く出ます。そうした将来の準備にもなりますから、ぜひやってみてください。

新聞は本と違って、一つひとつの記事の文字数が少ないので、「読みきった！」という達成感を感じやすいというメリットがあります。成功体験を積み重ねることで、読書習慣をつけることにもつながりやすいです。ぜひ、リビングに新聞を置き、ご家族で読み合ってください。

**最初は漫画だけでもＯＫ。**
**「新聞を読む」ことを、日々の勉強に取り入れてみては？**

Question

# スマホ使用のルールは必要？

子どもからスマホを買ってほしいとねだられています。夢中になりすぎてしまわないか心配なのですが、もし買ってあげる場合、親子でスマホを使用する際のルールを決めたほうがいいのでしょうか。

ぜひ決めてください。先の話になりますが、大学受験は、スマホのみならず、タブレットやPCとの付き合い方で合否が決まるといっても過言ではありません。それくらい、電子機器は成績を落とす要因になっています。しかし、完全に使わせないというのも難しいですし、教育上よろしくありません（入試直前期は別の話です）。まずは家族でルールを定めましょう。そして、たとえルール通りにいかなかったとしても、すぐに取り上げるのではなく、話し合いをしたり自分で考えさせたりしながら、少しずつ上手な使い方を覚えさせてあげてください。

では、どのようなルールを決めるのが良いのでしょうか。

まず「使い方のルール」を一緒に決めてください。**「1日1時間以内」「自分の部屋には持ちこまない」**など**「スマホとの付き合い方」をルール化する**のです。ここまでは多くのご家庭でなさっていることでしょう。

しかし、それだけで終わると、お子さんが約束を破り続けた時に、親御さんが大爆発。ここでスマホを取り上げてしまうご家庭が多そうです。それだと本人も反省をしたり、「どうすれば自分に合った使い方ができるのか」を考えたりする機会を持つことができず、親子で対立することになりかねません。

忘れてはいけないのは、**「それを守れなかった場合、どうするか」というルールを決める**こと。「次の日は使えない」とか「没収」などがそれにあたりますが、あまりに厳しすぎるルールでは自分に合った使い方をするための練習ができなくなってしまいます。

そこで最初は「2日連続で守れなかった場合」という条件をつけるのがいい

でしょう。このルールならば、1日守れなかった時点で「今日はだめだったけれど、明日はどうすればうまくいくだろう」と考えることができ、自分で自分を修正する力がつきます。

最後に、**「どうしたら罰を取り消せるのか」を決めます**。仮にスマホが「没収」になった場合、どうすればそれが戻ってくるのかまで一緒に決めましょう。たとえば、「次の日、夕飯前に宿題を終わらせたら返却」「朝○時に起きられたら返却」などのように。

ただ、中学入試直前にそれをさせるのは得策ではありません。時間に余裕がないからです。中学校入学後や、部活や塾などで帰りが遅くなり始めた時など、しかるべきタイミングで取り組んでみてください。

**ルールは「子どもを苦しめるため」ではなく「自分を律する力を身につけて**

**もらうため」にあります**。最初から自律的な子はいませんから、「1年かけて付き合い方を身につけさせよう」というくらい、じっくり構えるのが正しいのかもしれません。

**お子さんの自律をうながすようなルール作りを心がけましょう。**

Question

# タブレット学習の上手な取り入れ方

最近よく見かける「タブレット学習」を中心とした通信教育に興味があります。けれど、肝心の勉強はせずに、おまけのお楽しみコンテンツばかりで遊んでしまうのではないかという心配もあり……。タブレット学習の上手な取り入れ方を教えてください。

タブレット学習、良いですよね。すぐに採点もしてくれますし、動画も豊富で楽しいものが多いです。大いに活用してください。

ただし、タブレットは「魔法の道具」ではありません。紙のドリルと同じで、あくまで「教材」です。本人が夢中になって取り組んでいるからといって、成果が出るとは限らないのです。

せっかくお金と時間を使うのですから、**学習効果が出ているか、定期的にチェックすることをおすすめします**。

チェックするポイントは、まず、**「レベルが合っているか」**。レベルが合っている教材とは、**「解ける問題が7割、解けない問題が3割」**くらいのもののことをいいます。ご自身で問題を解いてみたり、「どの時期にどのレベルまで到達する教材なのか」を確認したりできれば安心です。もちろん、定期的にお子さんに「どう？　簡単すぎる？」と確認することも忘れないようにしましょう。

次に、**「タブレットの使用時間は適切かどうか」**。これは質問の中にあった「お楽しみコンテンツばかりで遊んでしまうのではないか」という点のチェックとなります。いくらレベルが合っていても、お楽しみコンテンツで遊びすぎてしまい、合計使用時間が長すぎる場合は、利用を考え直さなければいけません。学校の宿題など、日々のやるべきことが終わらなくなってしまったら、本末転倒ですからね。

そして、最後にして最大のポイントが、**「学習が定着しているかどうか」**。タブレット学習は、生徒のモチベーションを上げるためにも「身についている感」を演出します。これは強みでもありますが、弱みでもあるのです。おすすめは、**別の教材を使って、ほんとうに身についているかをチェックすること**。この時は、紙の教材を使ったほうがいいでしょう。実際のテストも紙ですからね。

細かい話になりますが、画面に映っている字より、印刷した字のほうが集中しやすかったり、記憶に残りやすかったりする子もいます。また、専用端末でなければ、簡単にほかのコンテンツに移ってしまえるので、そこも注意が必要です。

もう1つ、お楽しみコンテンツがゲームのようなものの場合、気をつけてほしいことがあります。**その日の学習時間の最後をゲームで終えてしまうと、学んだことを忘れやすくなってしまう**、ということです。

理想は**寝る前に、その日学習した内容を軽く復習する**こと。寝る前にタブレットを使うと睡眠に悪影響を与えてしまうので、その際には紙の教材を用意できたらいいですね。

学習が定着しているかチェックするために、紙教材も併用して使うのがおすすめ！　寝る前の復習で、さらに効果的に学べます。

Question

# 教育情報、どこから得るべきか

教育情報を得たい時、つい手軽なインターネットばかりを参考にしてしまいます。もっと本や新聞などもチェックしたほうが良いのでしょうか。また、先生がおすすめする本や新聞の読み方などはありますか？

インターネットと本や新聞などの紙媒体では、読むスタンスを変えるのがいいと思います。

インターネットは、**「手軽に」「主に無料で」「今この瞬間の」情報を手に入れるための媒体です**。印刷が必要な紙媒体より、情報が早く届くのは言うまでもありません。また紙面のように枠の制約がないので、比較的自由な記事を書くことができるという利点があります。ただ、特に無料で読めるサイトは、広告収入で成り立っていることが多いので、キャッチーな記事でアクセスを集めることもしばしばです。タイトルだけでなく、中身もあおり系なことがあるので、「話半分」に付き合う姿勢を忘れてはいけません。

一方、**正確さにたけているのは本や新聞です**。本は著者や編集者、校閲者などがチームとなって時間をかけて作るもの。新聞も、記者が念入りな取材を行い、何人もの目を通したうえで発行されるものです。インターネットに比べると、スローメディアといえますが、その分、情報の正確さには命をかけています。

これらの違いをふまえたうえで、それぞれのメディアとの付き合い方を考えてみましょう。たとえば、毎朝、さっと見出しだけでも新聞をチェックし、昼のすきま時間にインターネットやSNSで情報を仕入れ、深掘りしたい（考えたい）ことは本を読む……。

これが理想ではありますが、そんな時間はありませんよね。

本や新聞記事ならば、書いている人をある程度限定して読むのもいいでしょう。**個人的にいつも読んでいるのは、おおたとしまささんと、佐藤亮子さんです。**おおたさんは現場主義。現場に足を運んで取材を重ね、かつそこに独自の視点を加えた教育論を書いておられますので読み応えがあります。本を読めばおおたさんの「足」と「目」をお借りできるのですから、読まないという手はありません。佐藤ママは、ご自身の（圧倒的な！）子育てだけでなく、毎年何千人もの悩み相談に乗っておられますから、まさに英知の宝庫。その教育法を極端だと感じる人もいるでしょうが、ぜひ「このやり方をうちの子に合うようカスタマイズしてみよう！」という発想で読んでみて、上手に活用してほしいです。**どんな本や新聞記事でも、読んだだけで満足せずに、すぐに家庭の中に取り入れてみてください。**

おすすめの読み方は、「家族会議の教科書」として使うこと。教科書といっても、**内容をそのままうのみにするのではなく、議論のたたき台とさせてもらうのです。**

夫婦で同じ本を読んでもいいのですが、お互いそこまで時間はないはず。我が家では読んだほうが内容を要約して相手に伝え、「どう思う?」と聞くようにしています。このようにして議論を重ねることで、お互いの教育観のすり合わせができ、いざ大きな話(子どもの進路決定や習い事選びなど)をする時にズレが小さくなるのではないかと思っています。

また、手前みそですが、僕も携わっている「朝日新聞EduA」もおすすめさせてください。月に2回、朝日新聞に折りこみで入っています。教育情報だけでなく、あらゆる状況に対応できる勉強法も書かれていて、読み応え満点です。折りこみが入らないエリアもありますが、ホームページもあるのでご覧いただけたら嬉しいです。

普段はネットで、深掘りしたいことだけ本や新聞を利用してみては？

付録

# 自宅学習⑤つのコツ

2020年の春、新型コロナウイルスの猛威が世界を包みました。東京はロックダウン目前と言われ、その後、全国で緊急事態宣言が出され、学校が休校になりました。

結果、何が起こったのか。僕の目には、学力格差が広がったように映りました。

自宅学習の習慣がある子、もしくは適したオンラインの学習環境がある子は伸び、そうでない子は学ぶ機会を逸してしまったようでした。

「なんとかして自宅学習のコツを伝えなければ」

そう考えた僕は、新聞やラジオやSNSなど、さまざまなメディアで発信をしました。

今回の付録は、その一部をまとめたものです（本書と中身が重なるものは、本書にくわしく書いたので省いています）。

当時のような休校は、またいつ起こるかわかりません。新型コロナウイルスの感染拡大が落ち着いても、豪雨、地震、別のウイルスなど、別の非常事態が起こるかもしれません。

大切なのは、環境の変化に惑わされず、いかに自分に合ったリズムを作るか。

「生活リズムの整え方」「メリハリのある1日の過ごし方」といった、ていねいな暮らしを普段から心がけ、習慣化しておけば、右往左往する必要はありません。

ここでご紹介する5つを通して、生活習慣・学習習慣の「基礎・基本」を再確認してみてもらえたら幸いです。

## コツ1 早寝早起きを習慣づける

長い休みの時は、ついつい夜ふかしをしたり、昼頃まで寝たりして、生活リズムを乱しがちです。しかし、いったん乱れた生活リズムは、元に戻すのに時間がかかります。特に、学校が始まってからも睡眠不足が続いてしまうと、**授業に集中できなかったり、イライラして友だちとけんかしてしまったりするなど、生活に悪影響が出る**おそれがあります。

できれば、遅寝遅起きを楽しむのは休みの最初だけにして、あとはなるべく早寝早起きの生活を送るようにしてください。

さて、「今日から早寝早起きをしよう！」と決意したら、最初にすることは何でしょう？早く寝ること？……いえ、違います。**正解は「早起きをすること」**です。眠いとは思いますが、頑張って早い時間に目を覚ましましょう。そして起きたらすぐに、**太陽の光を浴びる**のです。

太陽の光を浴びると、その14、15時間後に、眠気を誘うメラトニンという物質が脳に分泌され始めます。分泌量がピークを迎えるのはさらに2、3時間後。つまり、7時に太陽の光を浴びれば、21時頃からメラトニンが分泌され始め、23時頃にはすっかり眠くなる……というわけなのです。

ただし、寝る前にスマホなどのブルーライトを長時間眺めていると、せっかくの眠気がじゃまされてしまうので気をつけましょう。

## コツ2 「3点固定」で生活を整える

せっかく早起きしたはいいものの、ついだらだらとテレビを見たり、遊んだりしてしまって、ハッと気がついたら夕方に……！　これでは意味がありませんよね。

そこでおすすめしたいのは、**毎日の「起きる時間」「寝る時間」そして「勉強を始める時間」を固定しておく「3点固定」**です。

たとえば、起きる時間が朝7時、寝る時間が夜10時だとしたら、勉強はだいたい、昼食を食べ終わって休憩した昼の2時から始めよう、と決めてしまいます。そうすれば、「空いている午前中に友だちと連絡を取っておこうかな」「勉強時間は5時までだから、3時半から4時までは休憩時間にしよう」など、1日にメリハリをつけながら過ごすことができますよね。

「勉強時間を決めるのはちょっとハードルが高い……」というのであれば、保護者の方と相談して**「食事の時間」**を固定してもいいでしょう。この場合は、起きる時間、朝ご飯、昼ご飯、夜ご飯、寝る時間の5つが整うことになります。

最初は失敗をしてもいいので、自分で自分の時間を上手に使う練習をしてください。

# コツ3 「ブロック学習法」を実践する

もう1つ、1日の中に「遊び」と「勉強」のメリハリをつけるためにおすすめの方法を紹介します。それは「ブロック学習法」というもの。1日のうち、**夕ご飯までの時間を「朝」「昼」「夕」の3つのブロックに分け、勉強時間を分散させる**という方法です。

夕ご飯が18時だとすると、以下のように時間を分けられます。

朝ブロック → 8：00〜11：00
昼ブロック → 11：00〜15：00
（昼ご飯の時間を含む）
夕ブロック → 15：00〜18：00

たとえば「1日3時間勉強しよう」と思った時、まとめて3時間勉強すると途中でダレてきてしまうかもしれませんが、**「各ブロック1時間ずつ」**ならできそうな気がしてきませんか？

また、午前中に何もできなかったとしても、「今日はまだ2ブロックある！」と**予定を組み立て直すことができます**よね。

ぜひ、時間割を立てる感覚で試してみてください。

## コツ4 「勉強日記」で1日を振り返る

学校で勉強をしている時と違って、家で勉強している時には、だれかにほめられたり、逆にさぼって注意されたりすることもありません。そこで大切なのは**「自分で自分をほめたり、反省したりすること」**です。そのためにもぜひ**「勉強日記」をつけましょう。**

まずは1日の行動記録を書き出してください。起きた時間やご飯を食べた時間、勉強した時間（教科、内容も）。遊んだ時間やテレビを見た時間も忘れずに。こんなふうに細かく書いていくと、「ちょっとゲームをやりすぎたな」「今日中に終わらせようと思っていたドリルが終わらなかった」など、反省点が見えてくるはずです。

次に、その反省をふまえて、1日を100点満点で採点してみましょう。その時一緒に、以下の3つを書き出してみてください。

・勉強の仕方、時間の使い方で良かったこと
・勉強の仕方、時間の使い方で悪かったこと
・1日を100点にするには何をすれば良かったか？

感じたこと、考えたことを目に見える形にすることで、反省したり、成果を実感したりしやすくなりますよ。

# コツ5 新聞やニュースをチェックする

ここまで勉強の話をしてきましたが、時間に余裕のある長い休みの時こそ、ぜひやっておいてほしいことがあります。

それは、**新聞やテレビのニュースをチェックして「今」を学ぶこと**です。

「このニュース、面白いな」と感じる話題があったら、それについてくわしく書かれた本を探すなどして、**調べ学習をしてみると良いでしょう。**調べたことは、お父さんやお母さんの前で発表してみてください。

また、ニュースにはたくさんの大人が、コメンテーターとして出演しています。**その人たちのことをよく観察してみましょう。**1つのニュースに対して、賛成意見を言う人もいれば、反対意見を言う人もいます。自信満々に話す人もいれば、ちょっと自信がなさそうに話す人もいるでしょう。

みなさんもいつか、大人になり、責任のある立場になります。今からいろいろな大人の姿を見て、どんな大人がかっこいいか、自分はどんな大人になりたいか、じっくり考えてみましょう。

**清水章弘**（しみず・あきひろ）
教育アドバイザー／「勉強のやり方」を教える塾プラスティー代表
1987年、千葉県船橋市生まれ。私立海城中学高校、東京大学教育学部を経て、東京大学大学院教育学研究科修士課程修了。
東京と京都で「勉強のやり方」を教える塾プラスティーを経営しながら、テレビ・新聞・ラジオで勉強のやり方を伝えている。著書は『現役東大生がこっそりやっている、頭がよくなる勉強法』（PHP研究所）、『中学生からの勉強のやり方』（ディスカヴァー・トゥエンティワン）など多数。青森県三戸町教育委員会学習アドバイザー。ポスト・イット®ブランドアンバサダー。朝日新聞EduA、朝日小学生新聞などで連載中。

**自ら学ぶ子を育てる!**
**清水先生の自宅学習相談室**

2020年11月30日　第1刷発行

著　清水章弘
イラスト　伊藤ハムスター

デザイン　村上史恵
編集　當間光沙
発行元　朝日学生新聞社
電話　03-3545-5436（編集）
発売元　朝日新聞出版
〒104-8011　東京都中央区築地5-3-2
電話　03-5540-7793（販売）
印刷所　株式会社シナノパブリッシングプレス


ISBN978-4-02-191105-7　C0037
Published in Japan by Asahi Shimbun Publications Inc.
定価はカバーに表示してあります。
落丁・乱丁の場合は朝日新聞出版業務部（電話03-5540-7800）へご連絡ください。
送料弊社負担にてお取り替えいたします。